法学论文写作
十三讲

李可 ◎ 著

人民出版社

作者在本书中展示了自己近三十年法学论文写作的独到心得和"秘笈"，遵循法学论文的写作规律和基本过程铺陈体例，运用理论分析、案例分析等方法，对论文写作中的常见问题、难点和疑点等进行了梳理解答，既具备结构化的整体设计，又有细致入微的诠释，还有精练生动的文字表达，十分方便法学学科的青年学者以及各层次研究生、本科生阅读，能帮助解脱法学论文写作的苦恼，走出困境。

—— 中南财经政法大学教授 方世荣

法学论文写作乃是一项特殊的智识工作。李可教授基于自我写作的实战经验以及经年的专题研究，推出《法学论文写作十三讲》，论述详略适当，深入浅出，对于法学者进入专业写作无疑是一本难得的入门参考书。

—— 中国政法大学教授 舒国滢

当下中国，不乏教人如何写作法学论文的教程，但少有教人从事法学理论创新的教程。李可教授积三十年的法学论文写作和理论研究之功，在本书中既教人写作，更教人创新。

—— 华东政法大学教授 陈金钊

论文写作是法学学子的基本功。本书是李可教授对自己多年论文写作经验的归纳总结，既求哲理性，更欲讲明事理。书中提出的"写什么比怎么写更重要""提纲应定向但不定式""目录连起来应是一段活文字"等命题，体现了作者的独具匠心。我相信，本书一定会对年轻一代学子有所启发和助益。

——西南政法大学教授 付子堂

文章是思想的表达，现代论文则有学术的规范。如何融入学术世界、把握现代学术论文的核心，请认真阅读李可教授的《法学论文写作十三讲》。

——北京大学法学院教授 徐爱国

本书赋予了论文写作新的含义，即写作流程与写作环节的结合、趣味性与互动性的融合、写作理论与技巧的融汇、理论与实例相贯通，致力于为提升法学研究生或青年学者的写作能力探索有效途径。

——上海交通大学凯原法学院特聘教授 彭诚信

前　言

　　本书不仅告诉你法学论文的创新是什么，而且还试图告诉你如何创新，以及从事创新时应当注意的一些事项。

　　论文写作，是一切学术的基本起点。对于法学而言，亦不例外。对此，无论是在自己的学习生涯还是工作经历中，我都深有体会。虽然大部分高校和科研院所都开设了论文写作课，但对于论文写作所需的最为基本的学术训练，在绝大多数论文写作课上并未能得到有效传承。如何写论文，尤其是具有创新性的论文，一直以来都是博士研究生和青年学者的最大困惑。事实上，这是当前中国教育面临的一个严重共性问题。因此，有人戏称博士毕业论文是打着博士学位论文旗号的教科书，学术创新不足、理论深度不够、方法意识不强。

　　从形式要件上看，无论是一篇期刊论文还是学位论文，都要有题目、论点、方法、论据、论证五个要件，并且篇幅在两个版面以上。① 进入 21 世纪以来，它还必须有摘要、关键词、注释或者参考文献。而在 20 世纪 90 年代以前，许多期刊并不要求论文有注释或者参考文献。一些期刊甚至在付印时将来稿的注释或者参考文献删除。21 世纪后，此种发表无注释或者参考文献之论文的期刊似乎已属罕见。

从实质要件上看，一篇论文必须有自己的论题、论点、研究思路和论证四个要件。缺乏其中任何一个要件的论文，都不能称之为论文。论题是作者选择的研究领域；论点是作者在文中表达的中心观点；研究思路是作者论文写作的步骤、程序和框架，是作者验证某一假设性理论命题的实验方案；作者运用特定的方法，组织论据，对论点进行信服人心的证成或证伪，就叫作论证。从程序上看，一篇期刊论文的论证是否信服人心的标准是，是否依次得到责任编辑、外审专家、编务会议、主编和作为同行的读者的认可；而一篇学位论文的论证是否信服人心的标准也是，是否依次得到责任导师、盲审专家、学位答辩委员会和同样作为同行的读者的认可。从本质上看，一篇论文的论证是否信服人心，在于是否得到学术共同体的认可，是否经受住学术共同体的"人际检验"。②

---

① 参见叶继元：《人文社会科学学术观点创新之对策》，《上海师范大学学报（哲学社会科学版）》2008 年第 5 期。

② 参见李可：《法学方法论》，贵州人民出版社 2003 年版，第 255 页。

　　"形而上者谓之道，形而下者谓之器。"① 对于论文而言，创新是它的"道"，而如何创新则是它的"器"。创新是论文的灵魂和生命，一篇没有任何创新的论文，是一堆没有灵魂的文字，也是一堆注定无法长久流传下去的文字。论文的创新体现在它的实质要件上，而非形式要件上。一篇论文的四个实质要件有一个及以上是创新的，那么该文就是一篇创新性的论文。如果一篇论文四个实质要件都是创新的，那么它就是一篇全创新性的论文。一篇论文能否作出创新，固然受到作者的题目、论点的重要影响，但是从根本上取决于作者所运用的方法。因为面对同样的题目，人们可以从不同的角度，采取不同的方法，组织论据，提出完全不同的论点；面对同样的材料，从不同的角度，采用不同的方法，将会有不同的发现。可见，方法是论文是否取得创新的关键因素。② 陈旧的或与论题不匹配的方法将使作者一无所获，新的、与论题匹配的方法将使作者作出重大的创新。当然，作者既可以在论文中表明他使用的方法，也可以仅在论文中渗透他使用的方法。

　　本书是有关法学论文写作的专著，必须涉及法学论文的上述所有形式要件和实质要件。在将法学定位为一门社会科学的前提下，我们从一篇社会科学论文应当具有的上述要件之角度，

---

① 《易经·系辞》，宋祚胤注释，岳麓书社 2001 年版，第 343 页。
② 参见李可：《法学方法论》，贵州人民出版社 2003 年版，第 194 页。

阐述作者应当如何寻找、选择、设计题目，如何搭建、修改、拟定提纲，如何设计、润色目录，如何搜集材料撰写文献综述，进而提出尝试性的论点，如何寻找、择定和运用方法，查找事实性和理论性论据，对中心论点予以正向和反向论证，如何撰写、设计摘要和抽取关键词，如何给论文添加注释和编辑参考文献等。

　　本书是笔者的写作秘笈，犹豫再三才决定让它公之于世。与坊间的同类著作不同，本书重在介绍法学论文的创新是什么，法学论文如何创新，以及法学论文从事创新时的一些注意事项。作为一门社会科学，法学创新的本质是描述、解释新的法律现象，发现其产生的原因，预测其发展的趋势。同时，作为一门规范科学，对新的法律现象提出法律上的对策建议，在一定程度上也是法学的重要任务，但并非法学的根本任务。当然，如果能够在此基础上提炼出新的术语、概念、范畴、命题、判断、观点、理论和学说，寻找到新的定律、规律、定理和公理，则更好。"学者更适合做的，毋宁是分析一个现象产生的各种条件、一个决策的一般后果，从中寻找规律性的东西。"[①]由于新的方法的引进是作者实现创新的关键，所以本书在当前国内大多数期刊论文和法学学位论文未实现创新的背景下，着力批判传统的法学研

---

① 何海波：《法学论文写作》，北京大学出版社 2014 年版，第 50 页。

究方法，建构新的法学研究方法。

在从事创新时要注意，创新通常是在既有知识的基础上的总结、提炼和升华，既有知识是它的本，是它的源，因此创新者必须尊重那些非通识性的既有知识，说明其内涵或出处。如果将人类的知识比喻成一棵参天大树的话，那么创新要获得学术共同体的认可，创新者必须将其创新接入这棵大树上，成为它的枝或叶。同时，创新虽然非常重要，但更重要的是创新者必须用学术共同体的行话对创新的必要性、可行性和可复现性予以充分的阐述。

对于法学创新而言，它除了必须尊重既有的法学知识之外，还必须尊重主流的伦理、道德和意识形态；在提出规范性主张时，必须尊重既有制度的合法性和合理性，对既有的制度作出最低程度的改动，以最小的变法成本获取最大的制度收益。虽然法学作为一门社会科学，必须执行描述、解释和预测三大任务，但这并不意味着它可以完全无视减轻因定律、规律、定理和公理发生作用时对人类社会和个体产生的痛苦及不便这一伦理上的重要任务。法学创新必须既具有科学性，又具有伦理性；既追求真理，又切合人性、人道和人伦。因此，法学创新的任务其实有四个，即描述、解释、预测和规范。

本书具有如下三个重要特点：第一，针对性强。主要针对法学青年学者和博士研究生及其写作中经常遇到的困惑，例如不知如何选择题目、拟定提纲、展开论证。第二，深入浅出，言简意赅。本书意在使初学者快速入门，快速进阶，并有所领悟，因此本书不仅重"器"，而且重"道"；不仅注重提高法学青年学者和博士研究生的写作技巧，也注重提升他们的精神境界。本书没有抽象的术语，没有繁复深奥的解释，而是以最为直接简练的语言对论文写作的形式与实质进行阐释。第三，操作性强。在对笔者既有经验教训总结提炼的基础上，将它们上升为学术研究的理论体系，进而为法学青年学者和博士研究生提供论文写作的具体操作步骤。从最基本的论文选题入手，一步一步地引导法学青年学者和博士研究生提升自身的学术水准，使他们在有形的书籍参考过程中形成无形的学术习惯，踏上自己的学术之旅。

目　录

第一讲

写什么比怎么写更重要

题目是写作的"第一站",决定写什么比怎么写更重要;决定选题既有定则,也有定法,更有秘笈。

题目既是法学论文的形式要件，也是其实质要件，而且是所有要件之"首"。没有题目的论文，即使在形式上也不成其为一篇论文。题目是论文给编辑和同行的第一印象，也是编辑决定是否送审、同行是否继续阅读正文的"第一站"。

第一节　定　义

题目又称题名，是"直接表达或象征、隐喻文献内容、特征并使其个别化的名称"[①]。由此，有人提出，题目是文章内容的浓缩表达。[②] 对于论文而言，题目（subject）是作者选择的研究对象、研究内容，或者至少要能够显示相关信息。从内容上看，题目可以直接表明研究对象，通常在形式上表述为"论 ×"，在少数情况下也表述为"× 论"；也可以间接表明研究对象，表述形式则多种多样，可以是法学上的术语、概念、范畴、命题、定律、规律、定理、公理、判断、观点、理论和学说。例如《论司法回避之关系对象的距离》，就表明了该文的研究对

---

① 《GB 3792.1—83 文献著录总则》第 10.1.a 条。
② 参见刘金友：《有关社科理论文章选题的思考》，《大庆社会科学》2018 年第 6 期。

象、研究内容。题目也可以是论点、论证方式等的浓缩。例如，《中国刑事司法证明"唯客观化"批判》就表明了该文的论点；《认罪认罚从宽适用常态化之实效检验》就表明了该文的论证方式。此外，题目还可以是文章核心问题的浓缩。例如，《行政第三人的程序权利及其司法保护》就表明了该文的核心问题。"就一项科学研究而言，研究者提出的问题往往蕴含在论文题目之中。"①

由以上分析，可以得出，题目至少应能表明内容、主题、研究对象、核心问题、研究方法、作者观点六个方面的一个方面。从题目表明的侧重点上看，相应地可以把题目划分为表明研究内容型题目、表明研究主题型题目、表明研究对象型题目、表明核心问题型题目、表明研究方法型题目、表明作者观点型题目等六种类型。也有人提出，题目不能显示作者的观点。② 但这毕竟是一家之言，实践中判断句式的题目其实就是表明作者观点型的题目。从结构上看，可以把题目划分为主谓结构题目、动宾结构题目、定语＋主语结构题目、判断句式题目、设问句式题目等五种类型。

对于论文而言，题目具有表达、导向、吸引和检索等四大

---

① 唐权、杨书文：《问题导向：科研功能视角下文献综述的进阶设计》，《科技进步与对策》2020 年第 20 期。
② 参见梁慧星：《法学学位论文写作方法》（第 3 版），法律出版社 2017 年版，第 46 页。

功能。

一、表达功能。如上所述，题目可以直接或间接体现论文的内容、主题、研究对象、核心问题、研究角度、研究方法、论证方式。

二、导向功能。题目对于作者来说是写作展开的方向，是作者论证力量聚焦的目标；对于读者来说是阅读行进的方向，是判断作者论证是否充分的重要依据。

三、吸引功能。题目可以吸引编辑、同行和读者，使其有阅读正文的冲动和兴趣，同时在良好的第一印象的支配下倾向于发现论文的闪光之处，有意或无意忽视论文的薄弱环节。例如，《论预防型法治》这样的题目就很吸引人的注意，有使人产生阅读正文的强烈兴趣。

四、检索功能。题目是编制检索工具的最重要的依据，这也反过来要求题目应尽可能地以最少的字数表达最多的信息，以利于论文的传播和引用。

从内部结构上看，题目可以分为主题目（也可称为总标题、主标题、正标题）、副题目（也可称为副标题、小标题），中间用破折号或冒号分开。在用破折号分开的情况下，副题目在排版时通常另起一行。前者表明论文的研究对象或领域，后者则通常对前者予以说明、限制。例如，《论一般人格权——以〈民法典〉第990条第2款为中心》一文，其副标题就将对"一般人格权"

的论述限缩在《民法典》第 990 条第 2 款。① 说明的情况可以是论文的研究角度、方法、重点或范围。例如，《民众对司法判决的认同与信赖——基于认知实验的研究》，主题目表明了该文的研究对象，副题目表明了该文的研究角度、方法。

副题目的使用应遵循如下三项原则：一是必要性原则。除非非用不可，否则不要用。例如近年来的国家社会科学基金项目，就不鼓励加副标题。二是可行性原则。要量力而行，扬长避短，不要选择那些超出自己能力范围的题目。三是"正大副小"原则，即"副题要比正题的范围窄，而不能相反"②。例如，《中国民事诉讼率变迁的影响机制——对曲线理论的检验和修正》的主副题目设计就体现了"正大副小"的原则。在用冒号分开的情况下，副题目在排版时与主题目在同一行。国内图书的出版惯例是，在版权页中，主题目与副题目之间不用破折号，而用冒号。

与题目相近的第一个概念是"标题"。从层次上看，一级标题通常被认为是题目，二级标题则是各部分内容的简要提示，通常被称为"小标题""分标题"。三级及以下的标题则依次是层次更低的各部分内容的简要提示。

---

① 参见王利明：《论一般人格权——以〈民法典〉第 990 条第 2 款为中心》，《中国法律评论》2023 年第 1 期。
② 梁慧星：《法学学位论文写作方法》（第 3 版），法律出版社 2017 年版，第 52 页。

与题目相近的第二个概念是"选题"。选题可以有两种理解，其中一种理解就是题目，而另一种理解就是选择题目的行为（selection of a subject）。在后一种理解上，选题不仅是选择一个题目，而且应当对选择该题目的必要性、可行性、研究现状、研究范围、研究方法和研究思路等进行论证或展示。

与题目相近的第三个概念是"议题"。议题是指会议、论著讨论的题目、话题。在此意义上，它包含了题目。与题目一样，按不同的标准，议题也可以分为不同的种类。例如从覆盖的层次上看，可以分为一级议题、二级议题、三级议题；从传播面的大小上看，可以分为个人议题、谈话议题和公共议题。

与题目相近的第四个概念是"主题"。就字面上看，主题是"主要的题目"之简称。由此可见，题目包含了主题。就文献学的角度看，主题是"文献主题"的简称，是指文献论述或研究的领域、方向、对象、问题，例如法官遴选、法院管理、司法解释。在此意义上，主题的范围比题目要大。有人将主题解读为基本见解、中心思想，是否恰当，可以存疑。①

与题目相近的第五个概念是"问题"。如果是单纯地引起人们疑惑、疑难、怀疑、苦恼意义上的"问题"，跟本书所讲的题目关系不大；如果是有既定解决方案，仅需要人们采取行动予以

① 参见梁慧星：《法学学位论文写作方法》（第3版），法律出版社2017年版，第129页。

解决的事态、麻烦、困难、故障意义上的"问题"，也与本书所讲的题目关系很远。只有那种已有理论解释不了，或者不能完全解释，或者能够解释的理论相互矛盾的现象意义上的问题，才跟本书所讲的题目关系重大。这样的问题，我们称之为创造性问题或理论问题。马克思在以下经典表述中指向的问题，就是我们指称的"创造性问题或理论问题"。他说：

> 一个时代所提出的问题，和任何在内容上是正当的因而也是合理的问题，有着共同的命运：主要的困难不是答案，而是问题……世界史本身，除了通过提出新问题来解答和处理老问题之外，没有别的方法……问题就是公开的、无畏的、左右一切个人的时代声音。问题就是时代的口号，是它表现自己精神状态的最实际的呼声。①

将理论问题发展成题目的第一步是提出尝试性的解决方案，即提出暂时性的理论假设。有些论文在没有提出尝试性解决方案前即将理论问题直接列为题目，这样的题目仅指出了论域而已。更有一些论文将不是理论问题的问题直接列为题目，这样的题目即使包含了尝试性的解决方案，也不是理论题目，由此所形成的

---

① 《马克思恩格斯全集》第 40 卷，人民出版社 1982 年版，第 289—290 页。

论文也不是理论论文。这就是有人所说的"不懂得如何提问"①。当然，我们并不是否认没有体现暂时性理论假设的题目是合格的论文题目，而是说作者在确定题目前，必须已提出了一个暂时性的理论假设。

第二节　要　求

俗话说，"题好半篇文"。这表明题目对于论文的重要性。其实，题好何止"半篇文"！题目的好坏、科学与否、前沿与否，将直接影响论文质量的高低甚至有无。题目是论文的"脸面"，是呈现给编辑、同行的第一印象，设计不佳的题目将直接被编辑"秒杀"，选择不当的题目将浪费作者之后的数年乃至数十年的时间精力，因此可以说"决定写什么"比"怎么写"更重要。

决定写什么，或者说题目的选择，在社会科学上有一定的法则和必须遵守公认的学术规范，笔者下面结合个人的写作心得，主要阐述题目选择的实质要求。从实质要件上看，法学家眼中的好题目通常应当满足首创性、必要性、可行性和时代性四个要求或者标准。

一、首创性

必须是已有法学理论解释不了，或者不能完全解释，或者不

---

① 凌斌：《论文写作的提问和选题》，载《中外法学》编辑部：《经验与心得：法学论文指导与写作》，北京大学出版社 2017 年版，第 82 页。

同的法学理论对之作出了相互矛盾的解释的法律现象。对于已有理论解释不了的现象，社会学家称为"偶发"现象。① 对于法学工作者来说，他要寻找的题目必须是没有现成答案的、具有法学理论意义的题目。例如，《民法典》背景下"习惯"法源地位变化的问题，现有理论没有关注到，但对于《民法典》在日常生活中的运行却非常重要。这是法学论文题目的首要的、本质的、核心的要求，不符合该要求的题目严格地讲不能作为法学论文的题目。

首创性是法学论文及其题目的生命，它对于法学工作者非常重要，对于法学研究生和青年法学工作者更加重要。在法学工作者群体庞大、法学期刊数量有限、综合性社会科学期刊和高校学报法学版面有限的当下，法学研究生和青年法学工作者的稿件要从海量的期刊来稿中脱颖而出，题目的首创性对于能否安全渡过初审"一秒关"就显得十分重要。例如《论法官的人际半径》一文，首提"法官的人际半径"的概念。②

当然，对于法学研究生和青年法学工作者来说，题目的首创性可能很难，但并不是不可能。比较可行的而且在日常法学研究中常用的解决方法有两个：一是从导师那里获取具有首创性的题

---

① 参见［美］罗伯特·K.默顿：《社会理论和社会结构》，唐少杰、齐心等译，译林出版社 2015 年版，第 225 页。

② 参见李可：《论法官的人际半径》，《华东政法大学学报》2023 年第 6 期。

目；二是在自己通过"头脑风暴法"获得一个自认为首创的题目后，马上与同学们反复讨论，将之打磨成一个具有必要性、可行性和时代性的题目。

二、必要性

所研究的法律现象必须具有重要乃至重大的理论意义，一如社会学家所言，它"必须是事关全局的"①。例如中国法理学史学科创立的问题，就是一个非常重大的基础理论问题，因此，《论中国法理学史学科的创立》一文的撰写就非常必要。如果该法律现象虽然为已有法学理论解释不了，或者不能完全解释，或者不同的法学理论对之作出了相互矛盾的解释，但是没有重要的理论意义，不与近代以来法学上的基本术语、概念、范畴、命题、定律、规律、定理、公理、判断、观点、理论、学说等取得学术上的联系，无法接入源远流长的学术脉络，那么则没有研究的必要，不能作为法学论文的题目。

也许有人提出，那些没有重要的理论意义，但有重要甚至重大的实践意义的法律现象，也应当是法学家眼中的好题目。在日常科研活动中，具有重要实践意义甚至是论著、项目是否能够得到资助的重要标准。各级国家基金管理方发布的课题指南大多数是面向实践的，具有重要实践意义的项目。不过我们认为，具有

① ［美］罗伯特·K.默顿：《社会理论和社会结构》，唐少杰、齐心等译，译林出版社2015年版，第227页。

重要实践意义不能作为法学论文及其题目的必要条件，相反，一个具有重要实践意义但不具有重要理论意义的题目，不可能是一个合格的法学论文题目。"要求选题具有实践性、针对性，主要是针对属于实用法学的学科，如民法学、刑法学、诉讼法学、经济法学等学科而言的。"①

三、可行性

作者能够运用熟练掌握的方法，搜集到足够的资料，分析、研究该法律现象，从中总结、归纳和提炼出新的概念、范畴和命题，作出新的判断，提出新的观点、理论和学说。如果作者掌握的方法解决不了该法律现象，或者缺乏必要的研究资料，那么作者暂时就不要去选择它作为法学论文的题目。

对于硕士生来说，最好选择一些"小切口"，但是可以"深分析"的题目；对于博士生来说，在取得导师的支持和指导下，可以选择一些涉及本领域基本的术语、概念、范畴、命题、定律、规律、定理、公理、判断、观点、理论、学说的题目；对于青年教师来说，可以在资深法学家的支持和指导下，选择一些本领域的重大理论问题作为题目。

有些法学论文题目不仅需要作者具备一定的理论功底和方法论能力，而且还需要作者能够支配、接触一定的人脉资源、物质

---

① 梁慧星：《法学学位论文写作方法》（第 3 版），法律出版社 2017 年版，第 18 页。

资源、项目经费和期刊资源。对于这些法学论文题目，作者要谨慎选择。例如，大规模的调研性题目、全首创的实证研究题目。

此外，题目研究所需要的时间也应当是作者重点考虑的一个问题，尤其是对于那些在规定时间内必须完成某一特定研究任务的作者而言，例如各级纵向项目的承担者、硕士生、博士生。有些题目具备上述三个要件，但是需要作者花费的时间超过了任务发布方规定的时间，对于这样的题目，作者最好不要去选择，除非他能够说服任务发布方延长研究周期。即使能够延长研究时间，作者也要考虑自己、团队成员和单位领导对于时间的心理承受能力。

四、时代性

通常一个题目具有上述三个要件，就是法学家眼中的好题目，但是作者是生活在现实生活中的，如果他选择的题目跟当下主流的政治、文化、民族、宗教等禁忌相抵触的话，那么就应当理智地放弃该题目。揭示真理固然是学者的使命，但是应当注意表达真理的方式方法。一个时代有它自己的使命，作者应当以自觉承担时代使命为己任。对于法学论文而言，坚持正确的政治立场和方针政策，比其他类型的论文来说更加重要。

当然，在不与政治、文化、民族、宗教禁忌相抵触的前提下，法学论文题目应当以促进学术的健康发展、追求真理为使命，具有首创性、必要性和可行性。在具备上述条件的情况下，作者要对法学论文题目保持持续的兴趣，并主动深入该题目对应的经验世界进行实证调研。例如，四川大学的左卫民教授一直对当代中国纠纷解决与司法制度问题保持浓厚的兴趣，对该问题进行了全方位的实证研究，撰写了大量高水平的专业论文。

第三节　来　源

那么法学论文的好题目从哪里来？好题目必须来自作者当下的生活，而非来自想象；好题目来自作者对当下生活的细心观察和反复思考，来自作者掌握的法律理论学说解释不了，或者不能完全解释，或者不同的法律理论对之作出了相互矛盾的解释的经验事实。"系统经验研究的一个基本功能就在于获得那些所料不及的、异常的、具有全局意义的研究结果，而这种研究结果将有助于提出新理论或扩展旧理论。"[1] 从心理学上看，法学论文题目的获得就是作者从最初对法律现象的感性认识，借助法律理论，逐渐上升到理性认识的结果。"理论本身是对重复性现象的高度抽象和概括，是对现象的重新判断、加工、组合与取舍。"[2] 例如，在实践中，一些人出于营利目的，以维权为名，利用现有制度的缺漏，状告企业经营者，认为对方侵犯了自己的合法权利，

---

[1] ［美］罗伯特·K.默顿：《社会理论和社会结构》，唐少杰、齐心等译，译林出版社2015年版，第400—401页。

[2] 章奇：《社会科学中的因果关系及其分析方法》，《浙江社会科学》2008年第3期。

提出惩罚性赔偿的诉请。这些法律经验现象反复出现，但是现有的维权和权利理论又难以作出完全解释。对此，我们将之称为"营利型维权"，试图从理论上解释此种现象。

从认识论上看，我们的信息来源主要有如下两个：一是自己的眼见耳闻，二是自己的身体感受。眼可见有形的物，耳可听有声的物，身体可以感受冷暖软硬。这些都可以成为我们的经验事实。但是它们要成为法学论文题目所指向的经验事实，必须具有法理意义。例如立法机构制定的、已有法律理论解释不好的立法规划，行政机关采取的、已有法律理论解释不好的行政措施，司法机关发布的、已有法律理论难以解释的司法解释和作出的司法裁判，新闻媒体报道的、已有法律理论解释不了的社会事件。

可见，"好题目来自生活"中的"生活"不限于日常生活，还指政治生活、经济生活、文化生活、科技生活等所有方面或者领域的生活。人工智能、大数据、克隆人、试管婴儿、基因治疗、器官与胚胎移植中凸显的问题可以归为科技生活；老年社会、丁克家庭、单身社会、低生育率、年轻人躺平、成年人自我幼化凸显的问题可以归为日常生活；立法、行政和司法中凸显的问题可以归为广义上的政治生活。当然，在寻找好题目的学术实践中，法学工作者通常从以下三个领域获得信息：一是自然科学领域里的新发现、新发明、新创造；二是广播、电视、报纸、网络、微信、微博、QQ中的热点、难点、重点事件；三是党和国家发布的重大方针政策、法律法规、法律解释和改革举措。其实，这三个方面的题目来源都可以分别归为前述科技生活、日常生活和政治生活。从第三个渠道得到的题目通常比较宏大、抽象，难以直接作为法学论文的题目，对此需要通过实证调研予以细化、丰富和拓展。① 例如，"法律条文总是枯燥的，我们需要对之作一个学术化的处理，提炼出与我们研究主题相关的核心原则，并将之有效地表达出来"②。

从技术上看，在题目的来源或者发现题目的事情上有没有什么可行的方法呢？我们发现大致有以下五种操作性技术。

一、逻辑

首先，运用逻辑工具，发现已有概念、范畴、命题、判断、观点和理论之间的内在的逻辑关系，看它是否有望形成一个体系。如果是，那么，一个新的理论，也就是具有理论意义的题目就出现了。例如，有学者发现中国人权法学的学科体系、学术体系、话语体系之间的内在逻辑关系，从而构建了上述三大体系的一体化逻辑。③

其次，运用逻辑的工具，对已有的理论进行反思，看它在逻辑上存在哪些问题，这些问题是否值得重视和能否被解决。如果

① 参见丁铁：《论文选题漫谈》，《大庆社会科学》1998 年第 3 期。
② 凌斌：《法科学生必修课：论文写作与资源检索》，北京大学出版社 2013 年版，第 165 页。
③ 参见刘志强：《中国人权法学"三大体系"论纲》，《中国法学》2022 年第 2 期。

答案是肯定的，那么这些问题就可以成为题目的来源，将之转化为理论问题，就可以提出修正版的理论。例如运用演绎法，看某个特定的理论能否解释新类型的法律现象，如果不能，那么这里就可能蕴藏法学论文题目；运用类推法，看某个特定理论在能够解释 A 现象时，能否解释与之类似的 B 现象，如果不能，那么这里也可能隐藏一个重要的法学论文题目。即使解释 A 现象的理论能够解释 B 现象，那么此时作者也是有所发现的，只是此种发现的创新程度较低而已，可以称为论点创新中的"横迁移"方法。[①]

最后，运用逻辑的工具，如果发现已有理论能够解释矛盾着的两类现象，那么该理论就可能是万金油式的理论。此种万金油式的解释力其实是一种虚假的解释力，它"之所以不会失效（nullifiability），是因为它是如此彻底地灵活"[②]。由此，一个批驳性质的题目也就被发现了。

二、价值

从人类文明社会的普适价值或者本学科公认的价值体系出发，对已有理论进行价值上的考量，发现它在价值上存在的瑕疵甚或问题，看它是否值得解决和能否解决。如果答案是肯定的，那么这些瑕疵或者问题也可以成为题目的来源，最终也可以提出

[①] 参见陈青云：《学术论文论点创新发生机制与创新方式》，《长江大学学报（社会科学版）》2012 年第 6 期。

[②] ［美］罗伯特·K. 默顿：《社会理论和社会结构》，唐少杰、齐心等译，译林出版社 2015 年版，第 212 页。

修正版的理论，其至推翻旧理论提出新理论。例如，有学者从权利的一般原理和理论出发，对自然人民事权利能力差等论进行了批判，指出了该理论可能的危害及内在矛盾，从而澄清了人们在权利理论上的一个重大误解。又如，有学者从正当程序价值出发，发现行政法上的正当程序模态已不适应数字时代发展，从而提出了技术性正当程序的重要概念。[①]

三、调研

对直觉认为可能存在重大理论问题的领域进行实证调研，以确认是否存在重大理论问题、该问题的性质、已有理论工具能否解决。如果发现存在重大理论问题，并且鉴定了它的属性，那么就可以运用创造性思维将它设计成题目。例如，我们发现，在当代中国法院，至少存在三种类型的、为会议主持人或主导者提供司法建议的、正式的或非正式的制度。对于这些制度，现有法律及理论仅是部分触及。更重要的是，现有法律及理论没有对之作出一个统一的、合理的、体系化的规定及解释。对于这种制度，我们将之命名为司法参谋制。其中的三种类型分别是：正式制度型的司法参谋制、惯例型的司法参谋制、正式制度和惯例混合型的司法参谋制。为了验证这一重大理论发现，我们选择了东

[①] 分别参见汪志刚：《自然人民事权利能力差等论的批判与反思》，《法学研究》2021年第4期；苏宇：《数字时代的技术性正当程序：理论检视与制度构建》，《法学研究》2023年第1期。

部、中部、西部、华南、华北等五个法院进行实证调研，最后确认了上述预断的正确性。

四、交流

"科学劳动的分工在各个学科之间筑起的隔墙只不过是一种权宜的划分。一旦认识到了这一点，我们就能打破这些隔墙。"[1] 在知识爆炸的当今信息社会中，个体掌握的知识与信息已经难以对某些涉及多学科的交叉领域作出准确、深入的把握，而需要与其他学科的学者进行知识与信息方面的交流。例如有关单身社会中的法律问题，法学工作者就需要与社会学工作者进行交流，向他们请教有关单身社会的社会学知识、理论和原理。因此，此类交流，以及常见的小范围的学术沙龙、高层次研讨会、专题研讨会上其他学者提供的知识和信息，也可以成为法学论文好题目的重要来源。其中，"国内外学术发展史证明，组织好学术沙龙是激发新观点的一个好办法"[2]。至于大范围的学术年会，如果按照研究方向开设分会场的话，参与者仍然能够得到一些宝贵的学术信息，否则将沦为学术界的交友会和学术权力展示会或者重组会。

五、媒体

从媒体中捕捉题目信息，也是法学论文好题目的重要来源。

---

[1] ［美］罗伯特·K. 默顿：《社会理论和社会结构》，唐少杰、齐心等译，译林出版社2015年版，第844—845页。

[2] 叶继元：《人文社会科学学术观点创新之对策》，《上海师范大学学报（哲学社会科学版）》2008年第5期。

无论是广播、电视、报纸等传统媒体，还是网络、微信、微博、QQ、自媒体等新兴媒体，都能给我们提供最新的、较受关注的热门话题。从这些媒体中，我们可以捕捉到现有理论无法解释、难以解释，或者作出相互冲突解释的法律现象，进而从中总结、归纳、提炼出具有理论意义的法学论文题目。

当然，法学研究生和青年法学工作者要发现好的题目，除了要有一双锐利的眼睛、一根敏感的神经和一颗包容天下的心之外，还要有对本领域理论工具的熟练掌握，并时刻关注理论发展的最新动态。"缺乏那个专业的基础理论，缺乏相应的学科知识积累，缺乏科学实验、生产实践和社会实践的丰富材料，是不可能在那个专业领域内进行学术研究的。"①

第四节　设　计

有了一个好题目，还应当对它进行合理的、科学的设计，才能使该题目及由此形成的论文获得学术共同体的认可。这就涉及好题目的形式要件问题。从形式要件上看，法学编辑和外审专家眼中的好题目一般应当具备如下五个要件。

一、新颖性

在表述上应当不同于已有题目，至少在研究对象、论点、方

① 丁铁：《论文选题漫谈》，《大庆社会科学》1998 年第 3 期。

法、论据、论证等五个方面中的一个方面不同于已有的题目。到了设计阶段，题目的新颖性是指它形式上而非内容上的"新"。内容上的"新"是指题目的首创性。好题目应当让编辑、专家眼前一亮，产生急切看下去的冲动和欲望。例如《人形机器人身体构造的法哲学审思》一文，回应了人工智能和机器人的时代议题，具有引人亟待阅读的冲动。[①] 但是，好题目的新颖性不是体现在使用带"新"字的标题上，而是体现在上述五个方面的"新"上。

在拟定题目上，一些人片面追求题目的"新""奇"，甚至将之文学化、艺术化，以至于损害了法学论文题目的学术正确性。显然，这是需要警惕的，也是不可取的。

二、明确性

至少应当明确显示上述五个方面中的一个方面，让人一望便知，而不应当含糊其词、游移不定，要等编辑、专家读完摘要、关键词甚至全文才得以明白上述要件。缺乏一望便知的明确性题目，很可能被初审编辑"秒杀"。例如《正确认识和应对营利型维权》这样的题目就有点像领导的讲话稿，而且比较含糊，没有体现论文上述五个方面的一个或多个方面。在笔者的建议下，作者将题目改为《营利型维权的理论内涵与实践应对》，虽然仍显平淡，但其明确性得到很大程度的提高。

---

① 参见郑智航：《人形机器人身体构造的法哲学审思》，《东方法学》2024 年第 3 期。

三、相称性

必须与正文主要内容对应，如果不对应，则应当修改题目以使之对应。当然，从论文写作的程序上看，由于题目拟定在前，正文生成在后，所以应当是"文题相称"，否则就是"文不对题"，即正文的主要内容应当符合题目。但是在非命题作文中，也可以根据正文的主要内容对题目进行重新设计，以使之符合正文的主要内容。在一些学校的学位论文管理中，"文不对题"的现象直到学位论文中期检查时才被发现，为此，管理方不得不出台可以在此阶段修改题目的补充规定。

四、正确性

必须符合语法规则，不能有语病，不能随意制造生词；不能触碰当下主流的政治、文化、民族、宗教禁忌。同时，也不能为了哗众取宠而设计使用非专业术语的、不严肃、不严谨的题目。有的题目在设计上有哗众取宠的嫌疑，不符合题目设计的正确性要求。学术论文的题目应当是将理论解释不了，或者解释起来相互矛盾的经验事实，上升为理论命题，用学术行话表达出来。"通过将日常生活图式借助特定的学科话语模式转化为学术科研形态，这是建立研究课题的一般途径。"[1]

从论文题目的正确性要求中可以推论出其严谨性、客观性和

---

[1]　支运波：《人文社会科学研究中的文献综述撰写》，《理论月刊》2015年第3期。

科学性要求，这是学术论文区别于诗歌、散文、杂文、小说和社论的地方。

五、简洁性

在内容上应当言简意赅，不能拖沓冗长，更不能有任何赘词和谦词，例如"试论""浅谈""初探"。[①] 在中国语境下讨论中国问题，不必出现"中国"二字。在层次上，通常应以两层次为限。"凡标题三重结构的，还是应当尽量改成二重结构。""能省一字省一字，能够用一句话说清楚的不用两句话。"[②]

同时，论文题目应当符合期刊、学位论文授予单位规定的字数、风格，通常不得超过 20 个中文字符。法学论文的题目通常至少应由三个字组成，但极少数也仅由两个字组成的，例如《论 Geltung》。[③] 一些学位授予单位规定学位论文不能有副标题，甚至不能使用冒号。

从实质要件上看，好题目的内容至少在研究对象、论点、方法、论据、论证等五个方面中的任一个方面不同于已有的题目；应当有明确的研究指向、研究范围；显示的研究对象或者范围应当能够涵括正文的主要内容；应当具备政治、文化、民族、宗教上的正确性。

---

① 参见《关于文献引证注释体例的说明》，《山东大学学报（哲学社会科学版）》2010年第 6 期。

② 何海波：《法学论文写作》，北京大学出版社 2014 年版，第 183、189 页。

③ 参见戚渊：《论 Geltung》，《中国法学》2009 年第 3 期。

第五节　常见问题

对于研究生和青年教师，甚至是资深专家，在题目选择和设计上通常可能遇到下述六个问题。

一、满眼都是题目

这说明作者掌握的理论工具和阅读的理论论著还不够多，同时也没有自觉运用它们去解释经验事实。当出现这种情况时，作者应当至少潜心熟练掌握某一个领域或方向的所有前沿理论，然后再对脑海中既存的题目进行筛选，留下那些既有理论解释不了，或者不能完全解释，或者能够解释的理论相互矛盾的题目。

当然，这绝不意味着法学研究生和青年法学工作者一定要等穷尽某一个领域或者方向的所有理论再去找题目做研究。如果是这样，那么作者可能永远也无法掌握撰写法学论文的基本技能和技巧，因为过来人的教训一再告诫我们："好笔头是练出来的。"只有边学理论边学写论文，最后才能写出好论文。

二、发现不了题目

出现此种情况的原因可能如上所述，没有掌握足够多的理论工具；也有可能是作者还没有遇到能够挑战自己所掌握的理论工具的经验事实。对于第一种原因导致的问题，解决之道已如前述。对于第二种原因导致的问题，作者要么就静待这样的经验事实的出现，要么就向责任导师、行内资深专家和所在研究团队求助，向他索要题目。

也有一些法学研究生和青年法学工作者既掌握了足够的理论工具，也遇到了事实上已经挑战其所掌握的理论工具的经验事实，但他仍然熟视无睹。原因在哪里？唯一的原因应该是，他缺乏一双锐利的眼睛和一颗忧国忧民的心。学术者，天下之公器也。没有起码的彼岸精神的人，只会锱铢必较于自己的蝇头小利，而对关涉天下之事视而不见。

三、驾驭不了题目

出现此种情况的原因可能是作者没有熟练掌握研究该题目所需要的理论工具。如果排除了这一原因，那么就应当是题目太大，以至于"老虎吃天，无从下口"。此时作者应当通过添加副标题限缩题目，将题目的切口缩小，以便于在有限的篇幅中清楚明白地分析它，然后再上升到原题目所指涉的较大的领域。例如，"中华法的政治机理"这个题目比较大，作者通过副题目"基于秦汉与古罗马时期的比较视角"限缩了主题目，从而找到了一个可操作的研究抓手。①

编辑界和法学界流行一种观点，认为题目之大小应与作者学术身份之高低对应，即所谓的大学者选大题目，中等学者选中等题目，小学者选小题目。对于此种观点，我们难以苟同。因为作

① 参见王志强：《中华法的政治机理——基于秦汉与古罗马时期的比较视角》，《中国社会科学》2021年第10期。

者学术身份之高低仅是学术共同体对该作者学术声望之认同，跟该作者的选题范围大小并不具有必然联系。经常发生的情形是，一些大学者是从做小题目得以成名的，成名之后也倾向于或者只善于做小题目。与此同时，一些小学者一开始就善于做大题目，善于在宏观领域进行理论思辨和纵横捭阖。

即便如此，我们一直认为，在信息爆炸的时代，至少对于法学青年学者和博士研究生而言，题目越小越好，哪怕是小如针尖的题目，只要做深做精，也能发展到一篇合格的博士学位论文所要求的体量。正如已故著名经济史学家严中平先生所教导的："不论从科研工作的正常秩序方面来说，还是从科研能力的锻炼成长来说，我劝青年在选题时要考虑这样的次序：先个别，后一般；先局部，后全体；先断代，后通代；先分析，后综合；先具体，后抽象；先把局部的具体的历史事实搞清楚，然后进行全面的发展规律的抽象概括。总之一句话，从小处着手。"[①] 做经济学研究如此，做其他研究，譬如法学研究又何尝不是如此？

四、赋能过多

题目虽是论文之首，能表明作者选择的研究对象、研究范围、核心观点、论证方式，但是如果给题目赋能过多，期望太高，也可能使之不堪重负，累赘冗长。因此，我们应当理性地对

---

① 　严中平：《关于选择研究题目》，《高教战线》1984 年第 12 期。

待题目的功能，只要它能够表明论文的一个要件，也算合格。反之，一个设计精巧，让人眼前一亮的题目，也未必是一个合格的好题目。题目与论文其他要件绝不是单纯的决定与被决定的关系，也即，同样的题目，可以有不同的论点、方法、论据、论证，也可以有不同的研究框架或目录。

正是看到这一点，一位资深编辑以自己多年的选稿经验告诉同行，不能"以题取文"，更不能"以题废文"。"有些稿件单从题目或大略内容也许看不出价值，但其中某一段话、某一问题的提出可能有新的启发。""也有一些来稿题目很醒目、很应时，文笔也还通畅，但经不起推敲，观点、材料都很难站得住脚。"①

五、无价值或价值极小

题目的价值在于指出或者引出现有理论解释不了，或不能完全解释，或能解释的理论相互矛盾的经验事实。如果一个题目不具有上述至少其中一点的价值，那么它就是没有价值的题目。任何题目，尤其是法学论文的题目，必须具有经验指向性，必须着眼于实践问题，同时又是可以联系上当前权威理论的经验事实。例如《论建构中国自主法学知识体系》一文，立足当前法学发展的现实问题，旨在筑牢中国自主法学知识体系的基石。② 在

---

① 丁铁：《论文选题漫谈》，《大庆社会科学》1998 年第 3 期。
② 参见张文显：《论建构中国自主法学知识体系》，《法学家》2023 年第 2 期。

大数据时代，要"尊重经验真实，敬畏经验真实，在乎经验的代表性"[①]。

在实践中，一些不具备选题本质要求的题目也发表在公开甚至核心和权威刊物上，这让广大法学青年学者和博士研究生陷入了深深的困惑。其实上述现象的发生本身就是一个值得研究的题目，它迫使我们去寻找学术本质与学术现象之间的距离，追问两者脱节的根本原因。在我们看来，其中既有当前中国法学共同体尚未成熟、编辑界和期刊界对法学之本质的认识尚待提高的原因，也有学术、期刊市场化缺乏正确的利益导向等原因。

六、将项目名称当题目

在实践中，一些法学青年学者，尤其是博士研究生选择自己或者导师的项目名称作为期刊甚至学位论文题目。在法学博士研究生那里，此种做法既有自觉为之的情形，也有导师授意甚至明确要求的情形。此种做法在多数情形下是不恰当的。如前所述，项目只是项目发布方认为有重要甚或重大实践意义的选题，当然这也不排除它可能同时也具有重要或者重大理论意义，或者说它也可能将一些具有重要或者重大理论意义的题目列入课题指南。但无论如何，项目之选题与论文之选题，并不必然具有同质性，

只是可能在研究内容、研究对象或者研究范围上具有交叉性，直接将项目名称当作论文题目，似不可取。

思 考 题

1. 论文题目具有哪些主要功能？

2. 试述论文选题的实质标准。

3. 在论文题目发现上有哪几种操作性技术？

4. 试述论文题目设计的形式标准。

第二讲

提纲应定向但不定式

提纲是保证行文思路清晰、结构均衡的路径，定向但不定式是设计提纲的基本原则。

提纲不是法学论文的形式要件和实质要件，也不是学位授予单位要求学位申请人必须提供的材料。但是在写作过程中，作者至少在心中要有一个提纲，否则下笔就容易出现思路不清、逻辑混乱、结构失衡、行文阻滞等症状。

第一节　定　义

提纲是论著内容的梗概、要点、要旨，通常包含论点、论据、论证方式、结构等要件。从形式上看，提纲可以分为文字式提纲、图表式提纲。前者是指以文字的形式列出论著之上述要件的提纲；后者是指以图表的形式呈现论著之上述要件的提纲。后者又可以进一步分为表格式提纲和图示式提纲，分别是指以表格的形式呈现论著之上述要件的提纲和以图示的形式呈现论著之上述要件的提纲。从内容上看，提纲可以分为粗纲和细纲。前者是指大致显示论著上述要件的提纲，后者是指详细显示论著上述要件的提纲。粗纲形同目录，细纲接近于草稿。粗纲和细纲的划分是相对的，不应将它们之间的区别绝对化。

在论文写作过程中，一个合格的提纲能够发挥指向功能、调配功能、记忆功能等三大功能。

一、指向功能。俗话说，提纲挈领。提纲能够为论文写作指明方向，指引作者紧紧围绕论文题目和论点写作，而不至于偏离题目和论点。

二、调配功能。提纲可以调节论文各部分的篇幅、论述详略，以突出重点，简化次要部分。将论述的重点调配到重要部分，同时又使次要部分的篇幅不至于与重要部分过于悬殊，使"详者较详，略者较略"，是提纲的重要功能。

三、记忆功能。在解题和阅读文献资料的过程中，作者可以通过提纲将在头脑中闪现的灵感、顿悟记录下来，以免过后遗忘。当然，这些灵感、顿悟要融入论文的哪个部分，要视论文的整体意义脉络而定。

与提纲相近的第一个概念是"目录"。目录是论著每部分内容的简要提示。目录越详细，分级越多，与提纲在外形上就越接近。像《唐律说"理"》这篇论文，其目录就与提纲非常接近。[①]但是即便如此，目录也是包含在提纲之中的。提纲中除了目录这一必备要件，还包括论点、论据、论证方式、各部分的起承转合等。

与提纲相近的第二个概念是"结构"。结构是指论著每部分

---

① 参见胡玉鸿：《唐律说"理"》，《中国社会科学》2023 年第 9 期。

之间的关系、架构、篇幅及比例。有人认为论文的结构包括题目、摘要、关键词、正文、参考文献、附录。[①] 实际上，这种划分没有什么意义。"文章的结构主要通过不同层级的标题来显示。"[②] 在外延上，提纲包括了结构。

与提纲相近的第三个概念是"研究思路"。研究思路是论著写作的步骤、程序和框架。从外延上看，提纲包含了研究思路，研究思路是在提纲中需要较先确定的部分。研究思路越详细，与提纲也就越接近。

第二节　要　求

一个合格的提纲，应当符合紧扣题目和论点、要件齐备、详备得当、合乎逻辑等四个标准。

一、紧扣题目和论点。提纲必须紧紧围绕题目和论点展开，而不能偏离题目和论点，从而出现内容枝蔓的现象。题目是提纲之"首"，提纲的所有要件都必须指向它，这叫"切题"；论点是提纲之"魂"，提纲的所有要件都必须围绕它，这叫"点睛"。

二、要件齐备。提纲必须具备论点、论据、论证方式、各部分的次序等必备要件。当然，提纲的要件也应视粗纲还是细纲，期刊杂志、学位授予方的具体要求而定。细纲在粗纲的基础上，

---

① 参见张力：《法学论文写作》，高等教育出版社 2018 年版，第 66—67 页。
② 何海波：《法学论文写作》，北京大学出版社 2014 年版，第 210 页。

要件必然有所增加。至于要增加哪些要件，得视作者对题涉领域的熟悉程度、论文指导老师的要求而定。有些期刊或者学位授予方要求论文有导言（又称引言、前言、绪论、引论）、结论（又称结语）这两个部分①，那么提纲也应当将这两部分的内容考虑进去。

三、详略得当。提纲不要过于粗疏，以至于遗漏了上述必备要件，使正式写作时无所傍依；也不能过于细致，以至于形同草稿，使正式写作时思维受到束缚。当然，哪些要件应"详"，哪些要件应"略"，得视题目、论点和结构而定。与题目、论点关系越密切的要件，就应当越详细，反之则应越简略。在结构上，导言和结论的要件应当简略，而本论的要件则应当详细。

四、合乎逻辑。编写提纲的目标是防止在正式写作中出现思路不清、逻辑混乱等情形，因此提纲必须合乎逻辑。例如，硕士学位论文《民法典二元差序化法源适用模式研究》，其提纲从民法法源适用的现状及困境，到民法法源适用冲突的成因及反思，再到民法法源适用冲突的纾解，遵循了"逻辑预备、逻辑起点、逻辑展开和逻辑回应"的逻辑链条。② 而且，由于提纲相比论文

---

① 参见《上海政法学院研究生学位论文内容与格式基本规范》第 7 条，载 https://www.shupl.edu.cn/yjsc/2024/0115/c2142a128435/page.htm，最后访问日期：2024 年 8 月 10 日。

② 参见邓昆鹏：《民法典二元差序化法源适用模式研究》，长江大学硕士学位论文，2023 年。

而言篇幅小得多，是对论文大意、轮廓、结构的粗线条勾画，因此其不合乎逻辑的地方也比较容易发现。例如在撰写司法参谋制系列论文时，通过列提纲，发现当初将司法参谋制定性为应予以批判的、消极性的司法惯例之立意是不符合事实的，于是在稍后的写作中，我们就从后果论的角度对司法参谋制进行分类，从而做到了客观、理性、全面、公正地对待此种司法制度。这可能是研究生学位论文开题报告及国家社会科学基金项目申请书要求有提纲的重要原因。

提纲要合乎的是研究对象自身的逻辑，即它的本质、属性、特征和发生发展规律。具体到法学论文，它的提纲是要合乎法律现象的本质、属性、特征和发生发展规律。例如写一篇问题导向型论文，首先得交代作者是如何发现该问题的，即该问题产生的政治、经济、文化等方面的背景；其次是要描述该问题，即该问题是什么，它的定义、特征和构成要素；再次是要分析该问题产生的浅层和深层原因，造成的影响尤其是负面影响，各责任主体为此提出的改革方案及其实际或可能效果；最后是作者在现有制度及改革的基础上对该问题提出一个进一步的解决方案。

在以上四个要求中，第一个标准和第四个标准是对提纲拟定的基本要求，第二个标准和第三个标准是对提纲拟定的重要要求。

第三节　设　计

编写提纲应当讲求一定的次序和方法，先写哪些，后写哪些，采取何种方法和提纲类型，都不能是随意的，而应当遵守以下四个要求。

一、根据题目依次确定论点、论据、论证方式和结构。论点是论文的灵魂，论据是论文的血肉，两者兼具时，论文也就有了雏形。此时再采取适当的论证方式，调整各部分的结构及篇幅，论文也就成形了。

二、找准切入点。为使论文具有足够的理论意义，题涉领域应当比较大，这时选择一个恰当的切入点就显得非常重要。小切口，深分析；以小见大，由浅入深，才能使提纲具有可操作性，也才能循序渐进地凸显论文的理论意蕴。例如，《法学研究目标受众选择的大数据分析》一文，题目前半部分所涉领域就比较大，作者巧妙且恰当地通过大数据机器学习分类，来回答"文章为谁而写"这一基础性命题。作者所列的目录，加上该文的论点、论据、论证方式，以及各部分的起承转合，基本上形成了该文的提纲。[①]

三、根据对题涉领域的熟悉程度确定提纲类型。究竟采用简

---

① 参见周翔、刘东亮：《法学研究目标受众选择的大数据分析》，《法学研究》2020年第1期。

纲（粗纲）还是细纲，要根据作者对题涉领域的熟悉程度而定。如果作者对题涉领域非常熟悉，那么拟一个简纲即可；如果作者对题涉领域不熟悉，那么必须拟一个细纲，以免正式写作无法顺利进行或者偏离题目方向。

四、注意各部分之间的起承转合。先写哪些，后写哪些，要注意先后部分之间的起承转合，使部分与部分之间、段与段之间的过渡显得一气呵成，浑然天成。例如，"整篇论文开头有导论，各个部分开头也应当有个'导论'"①。其实，题目与正文之间、各章节与正文之间，都应当有一段类似导论的文字，可以是对所辖正文主要内容的提示，也可以在此之前适当总结前一部分的主要内容。例如，《重构"法的渊源"范畴》整篇论文有导言、结语，除第一部分没有导言，其他部分都有。又如，《轻罪案件附条件不起诉制度研究》一文各部分都有类似导论的首段写作。②

在上述四个设计要求中，第一个要求和第二个要求是提纲设计的基本要求，第三个要求和第四个要求是提纲设计的重要要求。从总体上看，"定向但不定式"是设计提纲的基本原则。定向是指提纲应当为作者指明写作的方向和论述的重点，不定式是指提纲不应当束缚作者写作的手脚和思路。

---

① 何海波：《法学论文写作》，北京大学出版社 2014 年版，第 292 页。
② 分别参见雷磊：《重构"法的渊源"范畴》，《中国社会科学》2021 年第 6 期；陈瑞华：《轻罪案件附条件不起诉制度研究》，《现代法学》2023 年第 1 期。

第四节　常见问题

在提纲的设计上，比较常见的问题有离题、逻辑混乱、轻重不分、内容枝蔓等四种。

一、离题

紧扣题目是一个合格的提纲应当具备的最起码的要求，但是在写作中要做到这一点其实并不容易。"有的研究生对论文过于求长，将提纲的面展开得过宽，将与题目关系不大的内容也写了进来，显得不很扣题，文章松散。"[①] 为克服离题的倾向，作者最好要学会大度地对待自己的提纲，不要对在撰写提纲过程中出现的灵感、顿悟敝帚自珍。如果实在不舍，可以另建一个文档，将上述与题目关系不大的内容放到该文档中。

二、逻辑混乱

提纲的要件之间应当具备逻辑关系，应当体系化、系统化，共同指向论点及题目。但是在实践中，一些论文在论据与论点之间不存在推论关系，论证方法也不适合于论据，甚至出现前后重复、交叉、错置等初级错误。

三、轻重不分

凡论文都有重点，提纲应当突出论文的重点，对于重要的部

[①] 肖蔚云：《谈谈法学硕士论文的写作问题》，载《中外法学》编辑部：《经验与心得：法学论文指导与写作》，北京大学出版社 2017 年版，第 126—127 页。

分要详述，对于次要的部分要简写。但是一些论文的提纲面面俱到，轻重不分，导致结构失衡，无法突出中心思想。

四、内容枝蔓

提纲本来就是为确定论文的写作方向、每部分应写什么及其详略程度而拟定的。但是一些作者在编写过程中却将与主题关系疏远的内容也插进来，甚至有些作者"写到结论，又摆开架势，引经据典，讨论起新问题来了"。①

思 考 题

1. 简述提纲的基本功能。

2. 试述提纲拟定的基本标准。

3. 提纲的拟定，为何要合乎研究对象自身的逻辑？

4. 提纲设计要注意哪些事项？

---

① 何海波：《法学论文写作》，北京大学出版社 2014 年版，第 212 页。

第三讲

目录连起来应是
一段活文字

目录是论文层次结构之外显，更是作者气韵、风骨之张扬；目录合在一起应是一段层层深入、文采飞扬的文字。

目录虽然不是法学论文的实质要件，但是其形式要件，更是其层次结构的外在表现形式。通常而言，一篇法学论文不可能没有目录。更为重要的是，目录还在一定程度上体现了作者的写作风格和所属学派。

第一节　定　义

从文献著录规则上看，目录是"将一批款目按照一定的次序编排而成的一种文献报道和检索工具"[1]。从论著撰写的角度看，目录又称为目次，是指论著每部分内容的简要提示。从结构上看，一篇论文的目录可以分为若干级，通常以四级为限。以详略程度分，论文目录可以分为略目和详目。例如，《马克思唯物史观视域中的法治问题》的目录就是略目，它只有一级目录。《法律方法的体系构造》就是详目，它有三级目录。[2] 与著作、教科书一样，篇幅不大的论文只要有略目，篇幅大的论文则

---

① 《GB 3792.1—83 文献著录总则》第 2.4 条。
② 分别参见张盾：《马克思唯物史观视域中的法治问题》，《中国社会科学》2021 年第 2 期；黄泽敏：《法律方法的体系构造》，《中国法学》2024 年第 3 期。

要有详目。以体例分，论文目录可以分为教科书体、著作体和问题体。前两种目录类型混淆了论文与教科书、著作之间的界限，把论文当教科书或者著作，照搬它们的目录体例。只有问题体才抓住了论文只分析解决一个问题，只表达阐述一个观点的本质。那种认为一篇论文可以解决几个问题的观点，① 是著作体目录的典型体现。在论文写作中，目录具有导引、展示、检索三大功能。

一、导引功能。目录可以指导作者按既定的层次结构和论证思路写作，避免层次、思路混乱和偏离预定的中心思想。一些目录还能显示作者论证的重心，提示作者围绕该重心展开论述。例如，《法律关系范式之反思——以民事诉讼法为中心》从题目上看不出该文论述的重心，但从目录上可以看出其重心在于强调权利范式在民事诉讼中的重要地位和作用。②

二、展示功能。目录是对题目的展开和演绎，从目录的设计上，编辑、同行可以在一定程度上看出作者学术水平的高低。目录是呈现给编辑、同行论文的"躯干"和"四肢"，如果不符合一定的比例和表达风格，也将影响论文的采纳。在题目相同的情况下，目录是区别不同写作手法、风格和学派的重要工具。例如社科法

① 例如 2002 年 1 月 30 日首届教育部人文社会科学法学类重点研究基地主任工作联席会议发布的《中国法学研究的学术规范与注释规则》第一、（五）2.（4）条。
② 参见袁中华：《法律关系范式之反思——以民事诉讼法为中心》，《法学研究》2024 年第 1 期。

学通常采取问题体目录，倾向于从法律经验现象中发现其中存在的制度或者理论问题，然后分析它的成因、产生的后果、发展的趋势、已有的解决方案及效果，最后提出进一步的改革方案。法教义学往往采用演绎体目录，从一个基本范畴，或一种基本价值，或一个基本规律开始，将它演绎成若干可供检验的经验命题，然后适用到具体法律经验现象上，最后得出若干法律结论。

前者如，《论协商性的程序正义》一文从犯罪嫌疑人或被告人自愿放弃无罪辩护和部分诉讼参与机会，以此获得一定的实体收益这一法律经验现象中，发现传统程序正义理论不能解释的地方，然后提炼出与传统对抗性程序正义相对称的协商性程序正义理论，最后分析此种新的经验现象的成因、后果、趋势，等等。①

三、检索功能。目录表明了论著的层次结构和主要内容，也体现了作者对于中心思想的论证思路，"是选定关键词、编制题录、索引等二次文献的重要依据和信息源"②。从重要性上看，目录的检索功能仅次于题名，与摘要及关键词的地位难分伯仲。例如，《论类案的结构性相似特征及其运用》的目录就表明了该文采用了一种层层递进式的结构，是为了解决相关性判决之"相关

① 参见陈瑞华：《论协商性的程序正义》，《比较法研究》2021 年第 1 期。
② 李可：《法学学术规范与方法论研究》，东南大学出版社 2016 年版，第 70 页。

性"认定的难题，同时也体现作者从理论到实践的论证路向。[①]

与目录相近的第一个概念是"款目"。从目录学的角度看，款目是图书内容及其物质形态之特征的记录，而目录是款目根据一定的标准层次化、体系化的结果。在此意义上的款目、目录显然有别于论著撰写角度的目录。

与目录相近的第二个概念是"结构"。在目录详细到体现了论著的体系、架构、框架的意义上，两者没有区别。但是与目录不同，结构还有实体的含义，即论著每一部分在篇幅、内容上的比重。"论文结构有形式上的结构和内容上的结构之分。"[②]

与目录相近的第三个概念是"提纲"。提纲是指内容的梗概、要点、要旨，它至少包括了论点、论据、论证方式、结构。从外延上看，提纲包括了目录。当然在实践中，也有人将提纲视为目录，但这显然不符合提纲的常义。

与目录相近的第四个概念是"层次"。层次是指论文从高到低的不同意义次序或者单位。从范围上看，层次包含了目录，而目录未必完全体现层次。最低一级的层次，通常不必体现在目录中，否则目录就可能显得冗长。近年来，学位论文授予单位通常规定研究生学位论文开题报告的目录必须细化到第三级。从形式上看，此种情形下的目录几乎与层次差别不大。

---

① 参见杨知文：《论类案的结构性相似特征及其运用》，《中国法学》2023年第6期。
② 张力：《法学论文写作》，高等教育出版社2018年版，第66页。

第二节　要　求

法学论文并不一定要在题目与正文之间插入目录,它通常仅体现在正文的各个层次的标题上。但是也有一些期刊要求或允许作者在题目与正文之间显示目录,^① 推其意在于方便编辑、审稿专家和读者较快地了解作者对论题的论证思路、每部分的篇幅比例和章节结构。从结构上看,符合如下五点要求的目录才是一个合格的目录。

一、围绕题目和中心论点设计,是对论点的分解、证成和证伪,而不能溢出题目和中心论点。如果说题目限定了作者写作的范围,那么中心论点则框定了目录的结构和层次,作者必须依次在题目、中心论点和目录的限制下运用特定的方法,组织材料,撰写论文。例如,一些目录无法完全体现在题目中,但必须是对中心论点的体现和展开。如《晚清杀尊亲属罪转型中的基本问题》的题目只是表明了作者写作的范围,论文的中心论点则是展示晚清之际,外祖父母的尊亲属地位上礼法两派之间的争执。为此,目录就承担展现中心论点的任务。^②

二、层级分明,环环相扣,上级目录的标题能够涵括下级目

---

① 前者例如《华东政法大学学报》、《中国法律评论》、由法学集刊改版的法学期刊、中国台湾地区的法学期刊;后者如《中国法学》。

② 参见张一民:《晚清杀尊亲属罪转型中的基本问题》,《法学研究》2022 年第 3 期。

录的标题，所有目录合在一起能够呈现出一个有机的、严密的逻辑体系。不论是采取归纳式目录生成法还是演绎式目录生成法，作者在上下级目录的关系上都必须遵循上述逻辑涵摄定律。例如，《先秦法的概念隐喻》一文的目录就很好地体现了上下级目录之间的涵括关系。目录一是隐喻表达，二是意涵结构，三是蕴意。美中不足的是，目录二、三的标题没有"先秦"一词的限定，从而与目录一之间不对称。① 依归纳式目录生成法形成的目录之间存在依次递进关系，依演绎式目录生成法形成的目录之间存在总分关系。前者如《中国传统司法如何处置"真伪不明"》一文就基本上采取归纳式目录生成法，前后目录之间呈现层层递进的关系；后者如《法律解释的公共性》一文则大体上采取演绎式目录生成法，目录一、二、三、四是对题目所表明的论点的展开。②

三、目录标题言简意赅，语意对称，风格一致，字数相当，而不能使各标题之间的语意转换过快，字数相差过于悬殊。概括地讲，目录的三大"美德"分别是清晰、简洁和对称。正如清晰是论文的首要"美德"一样，清晰也是目录的首要"美德"。简洁是对编辑和读者时间和生命的尊重，也是迅速说服读者信服自

---

① 参见汪太贤：《先秦法的概念隐喻》，《中国社会科学》2023 年第 2 期。
② 分别参见胡学军：《中国传统司法如何处置"真伪不明"》，《中国法学》2022 年第 5 期；郭春镇：《法律解释的公共性》，《中国法学》2023 年第 1 期。

己观点的需要。对称则是出于目录修辞的需要，它要服从于目录所欲表达的中心思想。例如其他标题是动宾结构，那么同级标题也应是动宾结构；其他标题是偏正结构，那么同级标题也应是偏正结构。例如《行政法典编纂视角下明清会典的编纂理念、立法模式及启示》一文的目录就非常简洁，主文的目录二、三、四不仅语意对称、相互衔接，而且都是偏正结构，字数更是相同。①

四、除了引言和结论外，同级目录涵括的篇幅比例相当，同时引言涵括的篇幅应当比除引言之外的同级目录涵括的篇幅要短，而结论涵括的篇幅又比引言要短。例如《民事再审之诉"二阶化构造"的程序重塑》一文引言（约1.5页）比结语涵括的篇幅（约0.3页）要长些，而比主体目录二、三、四、五各自涵括的篇幅短许多，同时，主体目录二、三、四、五各自涵括的篇幅大致相当，基本上是4页左右。② 当然，各部分篇幅的设计也要服从和服务于该部分所承担的对论文中心观点的论证任务和对中心思想之表达的需要。

五、所有目录合在一起应是一篇相对独立、逻辑清晰、语意明确的微型论文。这也是检验某一特定目录设计是否得当的一个最简单、最有效的方法。例如，《世界刑事诉讼的四次革命》一

---

① 参见罗冠男：《行政法典编纂视角下明清会典的编纂理念、立法模式及启示》，《中国法学》2023年第3期。
② 参见段文波：《民事再审之诉"二阶化构造"的程序重塑》，《中国法学》2024年第2期。

文的目录合起来，就是一篇可以独立于正文，以时间为序的、主旨分明的、短小精悍的美文。[1] 当然，如能是一段层层深入、文采飞扬的文字，则更好。

在上述五点要求中，第一点要求和第二点要求是对目录的基本要求，第三点要求、第四点要求和第五点要求是对目录的重要要求。目录如果不在形式和内容上清晰、简洁、对称、中心突出和层层深入，那么这样的论文很难得到编辑、外审专家和读者的青睐。

第三节　设　计

当然，要使目录设计能够引起编辑、同行的兴趣，仅符合以上五点还不够，作者还需使目录标题在保持专业性的基础上，做到生动活泼，稳中有变，朗朗上口。为了获得一个优秀的目录，作者应当在以下三个方面下功夫。

一、根据题目的性质、特征和要求，将同级目录标题由前到后设计成一篇逻辑严密、层层深入的微型论文。这是一种由具体到一般的归纳式目录生成法，适合于大多数法学论文。《平台金融化规制路径的反思与重构：以长租平台为例》一文根据平台金融化规制路径这一论题，从长租平台金融化对住房交易基础的影

---

[1]　参见冀祥德：《世界刑事诉讼的四次革命》，《中国法学》2024 年第 1 期。

响、蕴含的风险、规制路径的演进、当前的结果主义规制带来的问题，导引出整体主义的长租平台金融化规制路径。① 因为人类认识的一般规律是由感性到理性，由形象到抽象，由简单到复杂，由历史到现实，由外部到内部，所以目录设计如能适合人类认识的这一规律，通常能获得编辑、审稿专家和读者的好感。例如，《正确认识和评价马锡五审判方式》一文的所有标题合起来，是一篇层层深入，且抑扬顿挫的小论文，由此可见作者在目录设计上的良苦用心。②

当然，在一些情况下，作者也可以采取由深及浅，由抽象到具体的演绎式目录生成法来解构题目。这主要是指那些运用共同体公认的命题、理论和学说来解决某个在人们看来比较困惑的法律现象的解释性法学论文。法教义学通常采取此种目录生成法。例如《宪法价值视域中的涉户犯罪——基于法教义学的体系化重构》一文，其主体部分的目录就是采用此种演绎式生成法。③

二、将所有目录合在一起生成的文字锤炼成一篇无论是在结构还是在内容上都是抽象程度不断提升的微型论文。此种归纳式

---

① 参见冯辉：《平台金融化规制路径的反思与重构：以长租平台为例》，《中国法学》2024 年第 2 期。

② 参见郝铁川：《正确认识和评价马锡五审判方式》，《中国法学》2023 年第 6 期。

③ 参见白斌：《宪法价值视域中的涉户犯罪——基于法教义学的体系化重构》，《法学研究》2013 年第 6 期。

目录生成法体现了作者从具体的法律现象中借助抽象思维不断进行理论飞跃，总结、概括、提炼出一个最小的、不可分的理论范畴，从而建构出一个层级分明、层层深入的理论体系。例如将《英美在近代中国行使治外法权主体之型化与形替》一文的目录合起来，可以明显发现形成了一篇具体性逐渐减少、抽象性逐渐增加的小论文。它简洁地告诉读者，英美在华治外法权之主体，形式上经历了以领事官为主向以法官为主的转变，实质上这种"换汤不换药"的做法，反而加强了其在华治外法权。①

当然，此种由具体到一般的归纳式目录生成法并不完全适用于人们对于某个抽象的术语、概念、范畴、命题、理论和学说的科普式认识。对于这些抽象论题的科普式认识，人们通常必须借助由抽象到具体的演绎式目录生成法，运用具体思维逐渐接近该论题所指向的最小的、不可分的经验事实。

三、论文初稿生成后，作者应当回过头来修改目录，检查目录是否符合上述五点基本要求，同时根据意向期刊的风格、编辑的要求调整目录标题的设计布局、文字表达和字数。

最后，为了使目录能够吸引编辑和同行，还应当根据意向期刊的要求，设计目录的字体、字号、文字效果，调整目录的缩进量、对齐方式等。

---

① 参见屈文生：《英美在近代中国行使治外法权主体之型化与形替》，《法学研究》2023年第 3 期。

不过，从根本上讲，目录的设计应当突出作者强烈的问题意识。首先，此处的"问题"应当是能够最终指向支撑、影响特定学科的基础、根本的理论问题，而非精细的技术问题。例如《私法渗入公法的必然与边界》一文就抓住了私法渗入公法这一影响公法学科的基础性理论问题，其目录设计也体现了作者对于该问题的历史与现实维度的强烈关注。① 当然，对于法学研究生和青年法学工作者来说，也可以通过研究仅关涉法学的精细的技术问题，来锻炼解决关涉法学基础和根本问题的能力与技巧。其次，此处的"问题"应当是属于我们这个时代的、有重大影响的、回应时代急切呼声的理论问题。例如个人信息保护的问题，近五年（2019 年 7 月 28 日—2024 年 7 月 28 日）《中国社会科学》《法学研究》《中国法学》就刊载了 24 篇题名包含"个人信息"的专业论文。

第四节　常见问题

在目录的设计上，对于作者尤其是初次接触法学论文写作的硕士生来说，比较容易出现的问题有如下五个。

一、图书化和八股化

"有的学位论文从目录到内容，看起来像扩大了的教科书的

---

① 参见张淑芳:《私法渗入公法的必然与边界》,《中国法学》2019 年第 4 期。

某个章节。"① 例如开头的目录是对题目中的概念逐个作介绍，下定义，接下来的目录是按时间或者权威性高低的顺序逐个介绍学界在该论题上的通识及代表性观点。按照教科书及专著的目录表达方式，使目录标题设计"图书化""八股化"，从而生成教科书体目录或者专著体目录。教科书是作者对所涉学科学界已达成共识的术语、概念、范畴、命题、定律、规律、定理、公理、判断、观点、理论和学说的通识性表达，专著是作者对所涉专题学界未达成共识的术语、概念、范畴、命题、定律、规律、定理、公理、判断、观点、理论和学说的专门的、探讨性表达，论文是对所涉论域的某一个问题，例如某个术语、概念、范畴、命题、定律、规律、定理、公理、判断、观点、理论或者学说的尝试性解决。上述三者写作的目标任务决定了论文与教科书、专著的目录是不同的。

二、口语化和艺术化

法学论文是写给本领域至少具有中等专业水平的同行看的，其从题目到目录，从正文到注释，都要使用规范的法学专业术语。但是，在目录拟订中，一些人没有使用规范的法学专业术语，目录标题表达口语化或者艺术化，从而生成自由诗体目录。例如，有段时间，一些论文出现"他山之石"等文学化较强的前

---

① 魏振瀛：《怎样写民法学论文》，载《中外法学》编辑部：《经验与心得：法学论文指导与写作》，北京大学出版社 2017 年版，第 126—127 页。

缀，实则不需要出现在目录中。

三、小帽大头

目录标题不能涵括其下的内容，目录标题设计出现"小帽大头"的现象，从而生成蒜头体目录。这在题目和目录是由导师拟定的情况下经常出现，研究生在没有充分了解导师的意思，或者没有充分掌握直接相关的资料的背景下，为了刻意完成论文而不得不凑字数。

在一些核心甚至权威期刊中，一些论文的下级目录标题与上级目录标题重复。严格地讲，这跟"小帽大头"现象一样，是不符合目录设计规范的。

四、大帽小头

目录标题虽能涵括其下的内容，但前者过大、过空，或者说它下面的内容没有很好地具体化目录标题，使目录标题设计出现"大帽小头"的现象，从而生成斗笠体目录。

五、分级过细

如前所述，目录以四级为限，太多就损害了目录的简洁性、清晰性的优点。例如，《中国社会科学》《法学研究》《中国法学》发表的论文，其目录绝大多数以三级为限，推其缘由，也应当有此考虑。而且，目录过细影响了作者让人感觉论文是一气呵成之目的的达成。

思 考 题

1. 简述论文目录的基本功能。

2. 一个合格的论文目录应当符合哪些要求？

3. 找出一篇将目录单独放在一起就是一篇微型文章的法学论文。

第四讲

文献综述是要证明
论文不得不写

文献综述是作者行文的底气和资格，更是证明论文是否值得写、观点是否立得住、材料是否找得新的明证。

文献综述不是法学论文的必要要件，少数期刊要求有文献综述，多数期刊并没有这个要求。但无论期刊要求与否，作者必须对论文所涉领域作一个文献综述，掌握所涉领域的研究现状及存在的问题，才有底气和资格决定是否应当开展正式的写作。一个基本规律是，文献综述的必要性及篇幅与论文的前期成果成正比。因此，文献综述是作者必须做的前提性准备工作。而且，文献综述做得全面、彻底、深刻与否，还直接决定了作者能否站在理论的前沿，以及是否能提出有创见的理论或观点。"一个好的学术研究是从一篇好的文献综述开始的。"①

第一节　定　义

文献综述是指对与题目相关的文献的收集、整理、归纳和概括，在此基础上，可能还对文献予以科学、客观、切实的分析评价。"综述比会议纪要、阅读笔记要有条理，但一般不加入作者

① 周大鸣：《如何确立学术问题——文献综述撰写的目的与方法》，《广东技术师范大学学报》2021 年第 4 期。

个人观点。"① 认为文献综述是"文献综合评述"之简称，即必须对整理归纳的文献予以分析评价的观点，② 似乎人为地缩小了文献综述的外延。对于法学论文而言，文献综述拥有展示、验证、检索和锻炼等四大功能。

一、展示功能。向编辑和同行展示作者对题目所涉领域的学术脉络和发展动态有一个非常清晰的、全面的了解。描述性综述展示的主要是作者的概括力，评价性综述在此基础上还可以展示作者的评价力，而预测性综述更能展示作者的预测力。当然，无论是题涉领域的学术史展示还是作者的综述能力展示，其中一个目的是告诉编辑和同行，作者的研究具有必要性和可行性，研究具有重要意义、所提观点基础牢固、材料新颖且关联度高。"阅读书籍、资料收集、文献梳理、观点综述，……都是为了最后的写作服务的。"③ 例如《社会信用体系建设的法治之道》的文献综述既简短，又全面，更有力，高度概括出了当前学界在该问题上的主要学术争议。④

二、验证功能。作者在占有一定文献资料的基础上，对特定

---

① 何海波：《法学论文写作》，北京大学出版社 2014 年版，第 15 页。
② 例如张丽华、王娟、苏源德：《撰写文献综述的技巧与方法》，《学位与研究生教育》2004 年第 1 期；周大鸣：《如何确立学术问题——文献综述撰写的目的与方法》，《广东技术师范大学学报》2021 年第 4 期。
③ 陈兴良：《论文写作：一个写作者的讲述》，载《中外法学》编辑部：《经验与心得：法学论文指导与写作》，北京大学出版社 2017 年版，第 25 页。
④ 参见沈岿：《社会信用体系建设的法治之道》，《中国法学》2019 年第 5 期。

领域的理论学说在是否能够解释某一经验现象的问题上产生怀疑，进而借助直觉、顿悟、灵感，提出一个假设性解决方案，进而提炼出一个理论命题，这往往就是题目。例如，营利型维权就是我们对目前的维权、权利、诉讼理论是否能解释那种以营利为目的，以维权之名，利用现有制度的缺漏，获取一定利益之行为产生怀疑后，提出的一个重要理论命题。而文献综述则是作者在占有更多的，尤其是不同时空和社会条件下的文献资料的基础上，对前述假设性解决方案的初步调查与验证。"调查者从预感或假说开始，由此作出许多不同的推论并进而使它们经受证明或反驳这些假说的经验检验。"① 在此过程中，作者还可以对收集、整理的文献资料予以修正和补充，特别对感觉薄弱的环节补充一手资料。仍以营利型维权理论为例，随着占有资料的增加，我们越来越确信，这一重要理论发现是正确的，但需要进行实证调研，并从更多的视角予以审视。

三、检索功能。由于文献综述是作者对题涉领域相关研究的学术史梳理，所以可以方便同行迅速了解该领域的相关代表性成果及其进步、不足和矛盾之处，进而判断哪些文献资料对自己的题目具有借鉴意义、自己的研究能否推进该领域的理论研究、如果能又可以推进到何种程度。例如，《比例原则的适

① ［美］罗伯特·K.默顿：《社会理论和社会结构》，唐少杰、齐心等译，译林出版社2015年版，第224页。

用范围与限度》一文对比例原则的学术史梳理，告诉人们，比例原则作为一项分析工具的起源、发展及未来趋势。同时又借机交代了该领域的代表性成果，并分析了它们正反两方面的效果。①

四、锻炼功能。极少有法学工作者一开始就能写出代表本专业最高水平的论文，绝大多数法学工作者都是从写作一些综述性学术报告学会写作的。开始是撰写描述性综述，然后是尝试分析评价前者中的相关代表性成果及观点，从而撰写评价性综述，最后是分析某个特定领域学术发展的趋势，这就已经进入综述撰写的最高境界，也就接近于正式的论文写作了。为此，一些核心甚至权威期刊开设了发表综述的栏目。"撰写文献综述是培养学生自学能力尤其是科研能力的重要方法，更是研究生走向学术创作的第一步。"②

在上述四项功能中，展示功能和验证功能是文献综述的核心功能，检索功能和锻炼功能是文献综述的重要功能。后两项功能是建立在前两项功能的基础上的，也是对前两项功能的自然延伸。从说服编辑和外审专家继续读下去的角度看，文献综述具有学术修辞的功能或者属性。

---

① 参见梅扬：《比例原则的适用范围与限度》，《法学研究》2020 年第 2 期。
② 李可：《法学学术规范与方法论研究》，东南大学出版社 2016 年版，第 79 页。

第二节　类　型

从不同的角度，可以将文献综述分为如下七组对比性类型。这些分类有利于作者进一步认识文献综述的性质、特征和功能。

一、作为过程的文献综述与作为结果的文献综述。前者是查找、整理、归纳、概括、分析、评价和预测题涉领域文献的过程，后者则是指前者的结果，即表现为综述类论著或者作为论著之一部分的综述。后者如《新立法法视角下宪法保留原则的特征及其规范功能》篇首对宪法保留原则的研究现状、历史的简要综述。《逮捕社会危险性条件中犯罪嫌疑人逃跑风险评估研究》一文篇首对逮捕社会危险性条件评估中外研究的概括综述。[①] 如果是综述类论著，必须有已有文献的数量、种类、质量和焦点问题等方面的前言，已有研究的核心观点和争点，已有研究的进步与不足等基本结构。在法学类综述论文中，郑志刚发表在《管理世界》2007 年第 9 期上的《法律外制度的公司治理角色——一个文献综述》，被引量最高，截至 2024 年 7 月 31 日，被引 386 次。

二、描述性综述与评价性综述。从是否对综述的文献进行评论的角度，可以将文献综述分为描述性综述和评价性综述。前者

---

① 分别参见莫纪宏：《新立法法视角下宪法保留原则的特征及其规范功能》，《政法论坛》2023 年第 5 期；张吉喜：《逮捕社会危险性条件中犯罪嫌疑人逃跑风险评估研究》，《中国法学》2023 年第 4 期。

是对题目所涉领域的相关代表性文献及观点的梳理概括，又被称为狭义的文献综述；后者则在此基础上对这些文献及观点作出科学、客观、切实的分析评价，又被称为广义的文献综述。前者如，《比例原则适用的范式转型》一文引言中的综述基本上属于一种描述性综述，它仅介绍了学界对比例原则的认知趋向，而没有过多的评价。后者如，《比例原则的法理属性及其私法适用》一文的引言对比例原则也可适用于私法的肯定论与否定论争辩的焦点作了介绍，在此基础上作了"各打五十大板"的评论，进而提出了自己的观点。①

描述性综述的特点是"述而不议"，评价性综述的特点是"先述后议"。评价性综述也可以独立成一篇评价性论文，但它得具有前言、主题、总结和参考文献等基本结构。

三、整理性综述与预测性综述。从是否对综述的研究趋势作出预测的角度，可以将它分为整理性综述和预测性综述。前者只对题目所涉领域的相关代表性文献及观点进行整理、归纳和概括，并不对其发展趋势进行预测，后者则是在此基础上预测其发展趋势。绝大多数综述属于整理性综述，只有极少数综述是预测性综述。例如，《法律解释与法律续造的区分标准》一文篇首的

---

① 分别参见蒋红珍：《比例原则适用的范式转型》，《中国社会科学》2021 年第 4 期；于柏华：《比例原则的法理属性及其私法适用》，《中国法学》2022 年第 6 期。

综述带有一定的预测意蕴。①

四、非建构性综述与建构性综述。前者只是整理、概括既有的研究成果及观点，后者则在此基础上试图建构作者意图的特定论题。大多数综述是建构性综述，只有极少数综述是非建构性综述；建构性综述通常依附、从属于某一论文，非建构性综述往往可以作为一篇综述性文章独立发表。建构性综述"建立了某一问题的研究框架，使人获得研究计划的原创性所在以及发掘新的研究方法、思路的必要"②。前者如一些法学核心期刊年末或年初刊载的各类"综述"；后者如《论法律大数据"领域理论"的构建》一文，其引言中综述的建构性非常显著，其评价将读者的目光自然地导向该文的题旨。③

五、初级综述与高级综述。从综述的层次上看，可以将它分为初级综述与高级综述。前者仅对题涉文献进行整理、归纳和概括，后者则在此基础上对题涉文献进行评价，或者预测其发展趋势。前者大体包括上述描述性综述、整理性综述和非建构性综述；后者大体包括上述评价性综述、预测性综述和建构性综述。

六、集中性综述与分散性综述。从综述在论文中所处的位置上看，可以将它分为集中性综述和分散性综述。前者通常位于论

---

① 参见陈坤：《法律解释与法律续造的区分标准》，《法学研究》2021 年第 4 期。
② 支运波：《人文社会科学研究中的文献综述撰写》，《理论月刊》2015 年第 3 期。
③ 参见王禄生：《论法律大数据"领域理论"的构建》，《中国法学》2020 年第 2 期。

文的引言（又称前言、导论、导言、序言）、问题的提出等篇首中，后者则分散于论文的每一部分中，遇到相关问题，就先综述学界已有研究，然后在分析评价的基础上作者再根据一定的论据叙述自己的看法或者观点。后者如《法律权力的含义和属性》一文的综述在引言和后面的三个部分都有；《权利冲突的司法化解》一文的综述也是分布在各个部分。①

七、附属型综述与独立型综述。从综述是否附属于论著，可以将它分为附属型综述和独立型综述。前者是附属于论文或者著作的文献综述，通常至少占据一节的内容；后者可以独立于论文和著作，可以独立成一篇论文，它通常应拥有论文所具有的基本结构。例如《从引证看中国刑事诉讼法学研究》一文的综述就属于附属型综述。②

由于坚持文献综述必须对文献予以评价或者对学术脉络的发展趋势予以预测，所以许多学者不认可上述前三组分类。③ 在撰写文献综述时，选择何种类型，应根据期刊、学位授予单位和项目发布方的要求；如果它们没有提出要求，那么应当选择最适合于展示作者学术水平和最容易说服上述主体的文献综述类型。但是无论何种综述，都具有学术修辞性质。

① 　分别参见吴玉章：《法律权力的含义和属性》，《中国法学》2020 年第 6 期；梁迎修：《权利冲突的司法化解》，《法学研究》2014 年第 2 期。
② 　参见左卫民：《从引证看中国刑事诉讼法学研究》，《法学研究》2013 年第 5 期。
③ 　参见支运波：《人文社会科学研究中的文献综述撰写》，《理论月刊》2015 年第 3 期。

第三节 要 求

文献综述的基本要求是相关性、全面性、代表性、权威性、前沿性、真实性和条理性七个原则。

一、相关性原则。要求只综述与题目相关的文献资料。在此，直接相关优于间接相关、高相关性优于低相关性。因此，在有直接相关的文献资料足以支撑论点的情况下，不要去综述间接相关的文献资料；在有相关度高的文献资料足以支撑论点的情况下，不要去综述相关度低的文献资料。

上述"相关"是指实质相关，而非形式相关。只与题目形式相关的文献资料是假相关，不要去收集。只有与题旨抑或作者核心观点之间的紧密相关，才是实质相关。

二、全面性原则。要求综述与题目相关的所有种类的文献资料。注意，这并不是要求作者综述所有与题目相关的文献资料，对于性质、类型相同，只是表达方式不同的文献资料，只综述其中有代表性的即可。例如，《论清代刑案诸证一致的证据标准——以同治四年郑庆年案为例》一文在这方面就做得非常好。对于中国传统刑事司法中事实判定及证据问题，作者仅综述了该领域一位代表性专家的文献。①

---

① 参见王志强：《论清代刑案诸证一致的证据标准——以同治四年郑庆年案为例》，《法学研究》2019 年第 6 期。

在此应避免一种误解，以为在论文注释或者参考文献中出现的文献资料都要综述。其实，只有与论文核心问题、观点和方法相关的文献资料才应予以综述。文献综述应当以核心问题为导向，并围绕其展开。"相关文献往往涉及多个方面，先说什么、后说什么，不是漫无目的、随意编排的，而应当指向自己所研究的问题、观点或者方法。"①

三、代表性原则。要求综述的应主要是代表性的文献资料，对于不具代表性的资料，不必收集。在此，高代表性优于低代表性。学界有一种流行观点，认为代表性的资料是指名家的论著、名刊上的论文和高被引率的名篇名著。此种观点的一个重大误解是，将在学界知名度的高低直接和论著在题涉领域的代表性理论画等号，从而没有看到上述"三名"论著虽然对题涉领域有所关注，但并不一定就是思考得最深入、与真理距离最近的论著。

四、权威性原则。要求综述的应主要是论文所涉领域人们公认的、具有重大乃至压倒性影响的文献资料。在此，必须避免一种误解，以为权威作者发表的或者权威期刊登载的文献资料就一定是权威的，这种认识是不正确的。那些权威作者发表的或者权威期刊登载的，但是并不被学术共同体认可的文献资料，不是权威的文献资料。相反，与题涉领域密切相关的高被引率论著，即

---

① 何海波：《法学论文写作》，北京大学出版社 2014 年版，第 201—202 页。

使不是权威作者，也没有登载在权威期刊上，也属于权威的文献资料。在法学类型学上，有作者发表在《金陵法律评论》2003年第 2 期上的《类型思维及其法学方法论意义——以传统抽象思维作为参照》一文，从被引率上看，就是该领域的权威文献。

五、前沿性原则。要求综述的应主要是题涉领域最前沿的成果及观点，因此它是一个动态的增补过程，直到论文付印前，都应当被允许增补最新的发展动态。"文献综述既不是初期行为，更不是一次性的工作，而是贯穿研究始终不断生成的研究活动。"[①]同时，也只有与最前沿的理论观点展开对话和交锋，由此激发、提炼出的思想也才能站在题涉领域的最前沿。例如论文《论司法回避之关系对象的距离》临近付印时，作者发现龙宗智教授发表在《中国法学》2021 年第 4 期上的《立法原意何处寻：评 2021 年最高人民法院适用刑事诉讼法司法解释》一文是题涉领域最新的前沿理论，于是马上将该文综述进去。[②] 作者应是一个勤于观察的"学术哨兵"，每天都要阅读最新的文献资料，站在理论阵地的前沿，捕捉学界闪过的哪怕是一丝一毫的学术新见。

六、真实性原则。要求综述的应当是客观的、没有被歪曲的

---

① 支运波：《人文社会科学研究中的文献综述撰写》，《理论月刊》2015 年第 3 期。
② 参见李可：《论司法回避之关系对象的距离》，《暨南学报（哲学社会科学版）》2023年第 11 期。

原始文献资料。已被学术共同体和权威机构证明是虚假的论著、调研数据和其他文献材料，不是真实的文献资料，应当果断舍弃。真实性不明的文献资料，也要谨慎收集和甄别。真实性原则要求尽可能收集一手资料。如果是外文资料，应尽可能是自己翻译的资料。

七、条理性原则。要求根据一定的标准对收集到的文献进行综述，不能采取罗列文献资料主要内容或者核心内容和观点的方式进行综述。实践中，一些人简单地采取发表时间的先后顺序或者文献资料权威性由高到低的顺序，对收集到的文献资料进行综述。[①] 这些做法都是不可取的。正确的做法是在综合前述相关性原则、代表性原则、权威性原则的基础上，将持相同或者相似观点的文献资料归为一组，选择其中最相关、最具代表性、最权威的文献资料，按首次提出的时间先后予以综述。例如《法律适用中理由和观点的关系：局外观察视角》一文引言中的综述，就将在法律适用中理由是否可以支持观点之研究偏好分为争论参与者视角和局外观察视角，并简要综述了前者的最具代表性的或者最权威的文献。这种分类法本身就是一种理论创新。[②]

其实，在期刊的征稿启事、学位授予单位的条例、项目综述

---

① 参见王琪：《撰写文献综述的意义、步骤与常见问题》，《学位与研究生教育》2010年第11期。
② 参见刘星：《法律适用中理由和观点的关系：局外观察视角》，《中国法学》2020年第5期。

的填写提示中，已经简要地表达了上述七项要求。作者应当带着自己的问题，根据论文设定的宗旨目的、目标任务，在尊重普适价值的基础上，对文献的相关性、代表性、权威性、前沿性和真实性品格进行鉴定，进而予以取舍。"研究者进行综述需要在研究问题的指引之下，否则就不知道该收集什么资料，也无从进行深入的文献阅读。"① 严格遵守上述七项要求，可以避免文献选择过于随意的现象。

第四节　设　计

在撰写文献综述时，应立基于文献综述撰写的上述七项基本原则，同时结合期刊或者学位授予单位的特殊要求，进行精心设计。可以通过题目分解法、方法观点法、代表人物法、去同存异法和难点疑点法等五种方法，将文献综述撰写得客观、全面、清晰和富有文采。

一、题目分解法。对题目进行分解，对题涉问题提出一个假设性的解决方案，然后提炼出 3—5 个关键词，形成写作框架，作为搜集、整理文献资料，撰写文献综述的依据。例如，以上述假设、关键词、框架与拟搜集整理的文献资料的摘要、关键词、参考文献，甚至是全文进行对照，以决定是否应当搜集整理某一

---

① 路阳：《社会科学研究中的文献综述——原则、结构和问题》，《社会科学管理与评论》2011 年第 2 期。

特定文献资料。在运用题目分解法时，注意不能对题目进行简单的分解，而应是通过分解突出题旨，形成一个可以接入既有学术脉络的理论命题。例如《马克思唯物史观视域中的法治问题》一文的综述属于分散性综述，作者采取题目分解法，对"法治""马克思唯物史观"进行了分解，结合对马克思法治观之基本预设，分述各自领域的代表性文献。①

二、方法观点法。面对题涉问题，古今中外的学者提出了不同的假设性解决方案，由此形成了各具特色的理论命题，并根据当时所能获得的论据，运用特定的方法检验该命题的正确性。可见，将学者的成果联结在一起的是理论问题，区分开来的是理论观点和研究方法。可以按照观点和方法对搜集整理的文献资料进行分类，发现它们之间的实质争点，以形成指向明确、脉络分明、条理清晰的文献综述。例如《清代君臣的法外施仁博弈》一文的引言按照法外施仁之"法"的含义争议，分述不同观点的核心主张及依据。②

三、代表人物法。对于已经有一定年头的研究领域而言，总会产生出若干代表性学者，他们提出的命题、观点、理论和学说得到了学术共同体的认可，对他们最新的学术成果及观点进行搜集、整理和归纳，按时间顺序进行总结、提炼，就可以得到一个

---

① 参见张盾：《马克思唯物史观视域中的法治问题》，《中国社会科学》2021 年第 2 期。
② 参见蒋铁初：《清代君臣的法外施仁博弈》，《法学研究》2021 年第 2 期。

比较全面、权威的文献综述。例如《超越"依法裁判"的清代司法》一文对于传统中国是否是"卡迪司法"问题，作者采用代表人物法分述肯定论、否定论、折中论各自的观点及根据。[①] 在遴选代表人物时，为了防止被假象欺骗和有遗珠之憾，可以借助大数据技术，对所有直接相关的论著进行检索统计。

四、去同求异法。对于学术研究而言，常识是背景，共识是基础。在此背景和基础上，作者要着力注意、发现和挖掘的是与题目相关的代表性学者的学术成果及命题、判断、观点、理论和学说背后的不同之处，尤其是其实质差异或者冲突，并提出假设性解释方案解决此种差异或者冲突，论文的理论创新就自然生成了。例如《规范多元的法治协同：基于构成性视角的观察》一文，抓住了学界在法律与其他规范的概念、功能、价值、关系等方面的实质分歧及不足，进行综述，并提出了假设性解决方案。[②]

五、难点疑点法。面对奔腾不息的学术脉络和数量不菲的相关代表性成果，作者该如何下手呢？简单的办法是找难点和疑点。文献综述不是论著汇编，不要求毫无遗漏，面面俱到，作者只需抓住与题目密切相关的难点疑点，以此为红线，将题涉领域

---

① 参见李栋：《超越"依法裁判"的清代司法》，《中国法学》2021 年第 4 期。
② 参见彭小龙：《规范多元的法治协同：基于构成性视角的观察》，《中国法学》2021 年第 5 期。

的文献资料以时间为纵轴串联起来就可以了。所谓难点是该领域最顶尖的学者都没有提出一个众口称是的解决方案的问题，例如司法监督问题；疑点是学者提出的，得到学术共同体认可的，但是作者觉得有疑问的解决方案。例如应从组织结构、组织利益上规制、引导当前中国的司法参谋制，我们仍然觉得有若干疑点，需要在选取有代表性的司法机关进行实证调研的基础上，做进一步的研究。① 在作者择定的题目中，难点疑点应当控制在 3 个以内，如果多于 3 个，就说明题目的范围大了，应当予以限缩。

在设计文献综述时，可以运用以上一种或者综合数种方法，将其写成一部言简意赅的小型学术史，以证明论文的重大理论价值和实践意义。

第五节　常见问题

在文献综述的撰写中，常见的问题有不全面、不相关、没条理、将综述当引用、将综述当笔记、不看要求等六种情况。

一、不全面。主要发生在题目比较陈旧、范围较大的论文的文献综述中，由于作者难以穷尽与题目相关的有代表性的文献资料，所以为了按期完成论文，就只综述部分与题目相关的文献资料。面对这种情况，作者应当给题目添加副标题，以限缩题目；

---

① 　参见李可、杨海能：《当代中国的司法参谋制》，《伊犁师范大学学报》2023 年第 4 期。

或者在前言中限缩题目的范围。如果难以限缩，就应当考虑换题目。

二、不相关。主要发生在题目全新的论文的文献综述中，由于作者难以找到与题目相关的文献资料，尤其是期刊论文和出版著作，所以为了完成期刊或者出版社所要求的文献综述，就勉为其难，搜集不相关的文献资料进行综述。其实，在难以找到直接相关的文献资料时，作者应当尽量寻找间接相关的文献资料；在难以找到间接相关的文献资料时，作者应当实事求是地叙述此种困难，而不是去寻找、综述不相关的文献资料。

三、没条理。由于没有寻找到一个整理、归纳搜集到的文献资料的标准，作者就随意堆砌搜集到的文献资料。或者虽然寻找到一个综述文献资料的标准，但是这个标准不合理，从而没能形成一个与题目相关的学术史。其中常见的一种做法是，把题目按前后顺序拆解成若干词，对它们分别予以所谓的文献综述。显然，此种做法大概率会将不相关的文献纳入，同时往往也将遗漏真正与题旨密切相关的文献，从而费力不讨好。

四、将综述当引用。综述的原意是综合起来叙述，此种叙述不是对搜集到的文献资料的原文照搬，如果是这样，综述就变成汇编了。综述应是对搜集到的文献资料按一定的标准予以概括。也就是说，应当先述后综，不能仅述而不综；应当概括叙述，而不应当粘贴复制。将综述当引用，通常不是作者误解了综述的本义，而是其概括能力不够时一种偷懒的做法。最常见的是直接拷贝搜集到的文献的摘要，而不管其是否与题目密切相关。[①]其实，即使是一篇与题目直接相关的文献，其摘要中也有与题目不相关的部分。

五、将综述当笔记。文献综述是对题涉文献资料的整理、归纳和概括，有时还要作分析评价和发展趋势方面的预测，而读书笔记是根据自己的学术兴趣，将认为本人知识框架中没有的术语、概念、范畴、命题、定律、规律、定理、公理、判断、观点、理论和学说等知识要点给摘出来，当然有时也会加以适当的分析评价，但是它没有文献综述那样鲜明、强烈的问题指向性。

六、不看要求。文献综述是对论文所涉领域的相关的、有代表性的、权威的文献资料，按照一定的标准进行叙述，以形成与题目相关的、清晰的学术史。例如，《法律规范事中合宪性审查的制度建构》一文分别对学界涉及法律规范事中合宪性审查制度、建构方法方面的权威观点作了列举式综述，并指出了其中存在的问题及改进的方向。[②]在综述中，作者不能对文献进行分析、评价。掺杂了作者评语的不是文献综述，而是文献评述。其中又可分为先述后评、边述边评两种文献评述方式。

---

① 参见冯长根：《怎样指导博士生打下走向成功的坚实基础（9）——如何指导学生撰写文献综述》，《科技导报》2011 年第 18 期。

② 参见朱学磊：《法律规范事中合宪性审查的制度建构》，《中国法学》2022 年第 5 期。

思 考 题

1. 简述文献综述的基本功能。

2. 试述撰写文献综述的基本原则。

3. 文献综述设计有哪些基本方法？选取一个题目，采用其中一种方法设计一篇文献综述。

第五讲

论点是作者创新的宣言

论点是论文的灵魂，也是旧题新作、旧话重提的关键；论点要标新立异，更要逻辑严密。

　　论点是法学论文的形式要件和实质要件，没有论点的法学论文不是真正的论文。而且法学论文的论点要力争创新，新的论点总是让编辑和同行眼前一亮。当然，也可以采取不同的方法，从不同的角度，运用新的论据对已有的论点进行论证，不过这样形成的论文的理论意义通常比较有限。

第一节　定　义

　　论点是指作者运用特定的方法，组织论据予以论证的观点。论点是论文的灵魂和生命，没有论点的论文只是一堆文字，不成其为论文。论点可以体现在题目之中，也可以出现在摘要之中。例如，《论建立分种类、多层级的社会规范备案审查制度》一文的论点既体现在题目中，也体现在摘要中。《法理概念的义项、构造与功能：基于 120108 份裁判文书的分析》一文的论点则体现在摘要中。① 无论如何，作者必须在题目或者摘要之中表明其

---

① 　分别参见刘作翔：《论建立分种类、多层级的社会规范备案审查制度》，《中国法学》2021 年第 5 期；郭栋：《法理概念的义项、构造与功能：基于 120108 份裁判文书的分析》，《中国法学》2021 年第 5 期。

论点，以方便同行检验其论点之成立与否及其程度。"学术论文追求直白，一开始交代也有好处。"①

论点的表现形式可以是作者对某个或者某些已有的术语、概念、范畴、命题、定律、规律、定理、公理、判断、观点、理论和学说的看法和见解，也可以是作者从已有理论和学说不能很好地解释或者解释不了的经验事实中提炼出的术语、概念、范畴、命题、定律、规律、定理、公理、理论和学说，还可以是对解释同一现象相互矛盾的理论之间的调和，但此种调和必须产生出一个新的理论，否则很难讲提出了新的论点。第一种情形例如《在法治轨道上有序推进"全过程人民民主"》一文是对"全过程人民民主"的特征、特性和优点提出自己的看法。第二种情形例如《论法官的人际半径》一文提出"人际半径"概念。第三种情形例如那些以调和论、折中论、统一论为题目或题旨的论文。②

与论点相近的第一个概念是"观点"。非正式地讲，这两个概念几无区别，只是论点通常用于论著中，因而较为正式，而观点可以用于日常对话交流中，因而可以用于非正式的场合。较之观点预设的情境，在论点预设的情境中，论辩双方的对立情绪通常更加强烈。此外，观点还可以表述当事人看问题的角

① 何海波：《法学论文写作》，北京大学出版社 2014 年版，第 207 页。
② 分别参见莫纪宏：《在法治轨道上有序推进"全过程人民民主"》，《中国法学》2021年第 6 期；李可：《论法官的人际半径》，《华东政法大学学报》2023 年第 6 期；杨登峰：《从合理原则走向统一的比例原则》，《中国法学》2016 年第 3 期。

度、视角和立场，甚至是某种不可争辩的信仰。

与论点相近的第二个概念是"见解"。同样，在非正式场合，这两个概念没有区别。"论点是议论文的中心观点，是贯穿全文的论述中心，是作者对所论述的事物或问题所持的见解和主张。"①"学术研究和学位论文涉及各种理论分歧时，作者要表明自己的意见。这些作者自己的意见，以及研究终结时作者所得出的基本意见，就是作者的见解。"②但是很显然，论点多用于论著中，而见解多用于日常对话交流中。③跟见解相近的词还有"观点""意见""看法""想法"。

与论点相近的第三个概念是"论题"。在一些论著中，论点可以直接用作论题，甚至是题目。此时，论题直接表明了论著解决问题的方案或者结论。但是并非所有论题都直接表明了作者的论点，"论文选题选定的是一个范围，有时是一个较宽泛的范围"④。因此，论点与论题仍是有区别的。在论题表明了论著所要处理的问题、命题、判断的意义上，它与论点虽有联系但显然不是同一事物。

---

① 王立名：《人文学科学术文章论证方式的分析与比较》，《东北师大学报（哲学社会科学版）》2009 年第 4 期。
② 梁慧星：《法学学位论文写作方法》（第 3 版），法律出版社 2017 年版，第 11 页。
③ 也有人持相反意见。参见陈青云：《学术论文论点创新发生机制与创新方式》，《长江大学学报（社会科学版）》2012 年第 6 期；李响：《论学术见解享有著作权保护的理由》，《安徽大学学报（哲学社会科学版）》2014 年第 4 期。
④ 陈青云：《学术论文论点创新发生机制与创新方式》，《长江大学学报（社会科学版）》2012 年第 6 期。

与论点相近的第四个概念是"论域"。论域是指理论争论指向的领域或者对象，它恰恰是论点要处理的客体，而非论点本身。在此意义上，论域与论题几无区别。如果说有，两者之间只有范围大小之分，即论域在范围上通常大于或者至少等于论题。当然，在哲学和文化学中，论域有其特定含义，由于与本书研究旨趣不同，故存而不论。

以上只是简单地给论点下了一个定义，并对与它相近的概念进行了初步的辨析，进一步地追问虽然有着丰富的理论意蕴，但是对于法学论文写作并非必要。

第二节 要 求

论点不必一定要四平八稳，但一定要旗帜鲜明，即对某一特定命题、定律、规律、定理、公理、判断、观点、理论和学说赞成与否及其程度；并不一定要与众不同，但一定要客观、公允和新颖。一个合格的论点通常应当符合独立性、客观性、正确性和唯一性等四个方面的要求或者标准。

一、独立性

作者在论文中必须表达自己的观点，必须对某一特定命题、定律、规律、定理、公理、判断、观点、理论和学说表达自己的看法。例如《原情与抑情：从"崔三过失杀父案"看清代中期的礼教与司法》一文，就对崔三是否有罪之观点借助透过现象看本质的方法表达了自己的看法。① 法学研究生和青年法学工作者要敢于在论文、著作、会议和课堂上表达自己的观点，而不要去附和别人的观点。论点的独立性体现了法学工作者独立的学术品格和人格，是他行使自由意志、独立思考、理性判断的集中表现。独立论点的酝酿和提出，是法学工作者学术品格走向成熟的根本标志。

二、客观性

"社会科学学科的规则要求学术观点要明确前提假设，有逻辑可循，有证据可依。"② 论点虽然是作者个人的观点，但是它必须由作者运用特定的方法，组织论据予以论证。在此过程中，作者必须持客观中立、价值无涉的方法论立场。在科学的意义上，客观性就是可复现、可检验、可追溯，也就是说，其他人可以按照论文提供的论证程序，运用相同的论据，得出相同的结论。在证伪主义者看来，客观性还是可证伪性，即一个论点"不是由于它和很多事实相一致，而是由于我们不能找出任何事实来拒绝它"③。"除非这一理论包含着能够用一定的证据加以反驳的命题，否则，这个理论依然只不过是一种可以兼容任何形式的资料的伪

---

① 参见姚宇：《原情与抑情：从"崔三过失杀父案"看清代中期的礼教与司法》，《法学研究》2022 年第 5 期。
② 周雪光：《方法·思想·社会科学研究》，《读书》2001 年第 7 期。
③ ［英］马克·布劳格：《经济学方法论》，黎明星、陈一民、季勇译，北京大学出版社 1990 年版，第 28 页。

理论。"①"只有了解了事实或有关事实的众多信息甚至相关信息，法律人才知道哪些法律可能与此案或此事或其中的某个问题有关，哪些事实与某个法条中的某个概念有关。"②

客观性要求论点符合逻辑和事实，价值无涉，并且具有可复现性、可证伪性。从另一个角度看，客观性也可以认为是合规律性，即论点必须符合迄今为止人们揭示的法律发生、运行的客观规律。但是必须指出，法学论文的论点也可以对这些所谓的"客观规律"提出质疑和挑战，借助特定的方法，运用证据和事实修正甚至推翻它们。例如，《法律中的二八定理——基于被告人认罪案件审理的定量分析》一文确证了当代中国诉讼领域存在帕累托二八现象，并将之表达为法律中的二八定理，最后提出了改进路径。③

三、正确性

论点应当合乎逻辑和语法，同时也不应当与当下主流的政治、文化、民族、宗教禁忌相抵触。从类型上看，论点的正确性可以分为语法正确性、逻辑正确性、学术正确性和政治正确性四种。其中语法正确性、逻辑正确性和学术正确性是论点的本体正

---

① ［美］罗伯特·K.默顿：《社会理论和社会结构》，唐少杰、齐心等译，译林出版社2015年版，第717—718页。

② 朱苏力：《只是与写作相关》，载《中外法学》编辑部：《经验与心得：法学论文指导与写作》，北京大学出版社2017年版，第6页。

③ 参见李本森：《法律中的二八定理——基于被告人认罪案件审理的定量分析》，《中国社会科学》2013年第3期。

确性之体现，政治正确性则是论点的功能正确性之体现。在任何时代条件下，论点的本体正确性要服从和服务于它的功能正确性。

语法正确具体是指论点在字、词、短语、句、标点上没有错误，逻辑正确是指论点不能违反同一律、不矛盾律、排中律和充足理由律，学术正确是指论点要遵守基本的学术规范，政治正确是指论点不能触犯当局设置的政治忌讳。论点要吸引同行的注意，可以标新立异，但是要让同行获得阅读的愉悦，就必须逻辑严密。

论点的正确性要求与前述客观性要求有交叉的部分，即都强调论点要合乎逻辑，但它们的要求并不重合，而且强调的重点也不一样。客观性要求强调论点的可证成性和可证伪性，正确性要求强调学术规范上的正确性和与意识形态的不抵触性。

四、唯一性

一篇论文只能有一个主要论点，而不能有两个及以上的主要论点。当然，在此前提下，一篇论文可以有多个分论点，分论点之下还可以有小论点，但它们都应当是主要论点的展开，并且与主要论点之间构成支持与被支持的关系。这是期刊论文、学位论文跟著作、教科书、工具书不同的地方，后三者可以有多个主要论点，尤其是教科书和工具书，其论点还必须是得到法学共同体公认的通说。但无论是哪种载体中的论点，主要论点、分论点、小论点各自应当保持前后一致，它们之间也应当相互一致，而不能出现矛盾冲突的地方。

有人提出，可预测性应当成为判断论点是否合格的一个标准。[①] 论点"必须是预言性的而不是追溯性的"[②]。但是这很难适用于法学论文的论点，因为法学的主要功能是描述和解释，只有少数法学（例如法律政策学、法律社会学）论文具有预测功能。例如《司法大数据文本挖掘与量刑预测模型的研究》一文，利用自动化文本挖掘技术处理法院毒品判决书，建构量刑预测模型，能够发挥预测功能。[③] 虽然预测是社会科学的最高境界，但是不适合成为判断法学论文的论点是否合格的一个标准。

"学术观点是合理解释和理论中最重要的组成部分，学术观点创新则是推进人文社会科学繁荣发展的核心。"[④] 创新性、新颖性是学术论点努力的目标，也是学术推进的重要标志。以创新的程度为标准，可以将论点分为首倡型论点和改进型论点。前者是指针对某一特定论题，作者提出了一个完全不同于已有论点的全新的论点，后者是指作者对已有论点的改进、推进和发展。前者

---

① 参见叶继元：《人文社会科学学术观点创新之对策》，《上海师范大学学报（哲学社会科学版）》2008 年第 5 期。

② ［美］罗伯特·K.默顿：《社会理论和社会结构》，唐少杰、齐心等译，译林出版社 2015 年版，第 213 页。

③ 参见舒洪水：《司法大数据文本挖掘与量刑预测模型的研究》，《法学》2020 年第 7 期。

④ 叶继元：《人文社会科学学术观点创新之对策》，《上海师范大学学报（哲学社会科学版）》2008 年第 5 期。

如《法律边疆学：概念、对象和内容》一文提出的"法律边疆学是一门以边疆地区的法律现象为研究对象的、旨在发现边疆地区的法律有别于内地之特殊发生、运行规律及一般过程的学科"的论点。后者如《中国法律语境中的国家政策概念》一文提出的"法律实践中的国家政策应限定为有行政权的国家机关，为实现特定公共目标而制定的、在一定时期内具有普遍指导意义且能反复适用的规范或准则"的论点。①

当然，能够提出首倡型论点最好，提不出也不要勉为其难地臆造，以免误入标新立异的学术邪路。但是是不是没有做到论点创新，所写作的法学论文就一定没有任何价值呢？其实不然，采取不同方法，或者从不同角度，或者运用不同论据论证已有的论点，也可以算得上是有理论价值的法学论文。例如，《再论消费欺诈行为的构成要件》一文用不同论据和方法对其原有观点进行再论证，也有其重要价值。② 旧题新作、旧话重提并无不可，但是方法、角度、论据一定要新，否则论文就仍然是旧文。例如，能动司法是一个老话题，但在新时代下，它显露出若干新特征，有学者将之与回应型司法联系起来，从而利用新的角度、论据，

---

① 分别参见李可：《法律边疆学：概念、对象和内容》，《哈尔滨工业大学学报（社会科学版）》2023 年第 1 期；彭中礼：《中国法律语境中的国家政策概念》，《法学研究》2023 年第 6 期。

② 参见高志宏：《再论消费欺诈行为的构成要件》，《法学》2023 年第 6 期。

写出了新意。[①] 对于法学研究生和青年法学工作者来说，论点创新往往是非常困难的，但在上述三个方面做到创新，是有可能并是值得鼓励的。

第三节　来　源

论点来自作者对客观世界的观察与思考，来自已有理论与经验事实之间的对比。当发现已有理论无法解释经验事实，或者无法完全解释经验事实，或者已有的理论对经验事实作出相互冲突的解释时，作者产生了困惑，经过反复思考后，产生了对该经验事实独特的解释时，论点也就生成了。如人所言："真正属于'法学'领域的命题一般都是解释性的命题，它们要么解释了某一制度实践的类型或者模式，要么解释了某一法律问题发生的原因，要么揭示了制度实践的变迁规律。"[②]

当然，对于法学研究生和青年法学工作者来说，他们通常是从各种难以为已有法学理论解释的具体法律事物中，概括出这类事物的共同的属性，将它概括为某种模式。因此在法学论点的发现上，遵循的是从具体到抽象，从个别到一般的理论路径。也有法学工作者是在运用已有法学理论的过程中，发现它难以解决某

---

① 参见顾培东：《新时代能动司法的倡导与回应型司法的构建》，《中国法学》2024 年第 2 期。

② 陈瑞华：《法学研究方法的若干反思》，载《中外法学》编辑部：《经验与心得：法学论文指导与写作》，北京大学出版社 2017 年版，第 55 页。

个法律现象，于是不得不对该理论予以修正甚至推翻，提出一个暂时性的法学理论。对于这些法学工作者，法学论点的发现路径是：从演绎到假设，从大理论到小理论，进而又到大理论的模式。"新的概念和假设会在探究的过程中出现，它们又成为进一步研究的基础。我们认为这才是科学发展的连续性之所在。"①

因此，法学研究生和青年法学工作者要提出新的论点，一定要"读万卷书"，同时还要"行万里路"。在"行万里路"时发现困惑，又要回过头来"读万卷书"，如此循环往复。"只有困惑还不够，还要能够把握自己的困惑在理论脉络中所处的位置。"②"读万卷书"是为了了解本领域或者方向里所有的理论工具，"行万里路"则是在此基础上运用自己掌握的理论工具去观察思考遇到的经验事实，确切地讲，是去试图发现前者解释不了的经验事实。

"读万卷书"说起来容易，但是做起来很难。遇到的第一个问题是，读哪些书？就法学而言，我们认为应当读如下三类书：第一类是哲学社会科学领域里的通识性、基础性的经典著作、权威著作和名著，第二类是法学领域里的通识性、基础性的经典著作、权威著作和名著，第三类是自己决定终身投入的一个方向里

---

① ［美］罗伯特·K.默顿：《社会理论和社会结构》，唐少杰、齐心等译，译林出版社 2015 年版，第 414 页脚注①。
② 凌斌：《论文写作的提问和选题》，载《中外法学》编辑部：《经验与心得：法学论文指导与写作》，北京大学出版社 2017 年版，第 85 页。

的经典著作、权威著作、名著和其他重要著作。在知识爆炸的信息社会，不要试图去遍览上述三个领域里的所有著作，那样会使自己终生都在"述而不作"。即使是第三个领域里的著作，也并不都值得我们去阅读，尤其是精读。

遇到的第二个问题是，怎么读？对于法学工作者来说，拿到一本书，首先要看它的摘要和目录，看作者是如何铺陈对于主要观点的论证的。千万不要急于从第一页开始把书读完，在不了解全书的架构和作者的论证思路的前提下读书，只能收获一些零散的知识点，而不是作者整个的思想脉络。其次要带着特定的问题去读，弄清楚作者是如何解决该问题，采用了何种方法、遵循了何种思路论证书中的解决方案，此种论证相比他人而言有什么高明之处，又有哪些重要缺陷，我们可以采取何种手段弥补此种缺陷。最后要留心它的注释和参考文献，看作者是基于何种论据，或者是借鉴了哪些人的思想形成自己的观点、建立自己的论证的。可以顺着参考文献进行拓展性阅读，以掌握作者的理论学说依附的知识之树、思想之网。

一些人提出的精读"二八法"，即用八成的时间弄清论著的结构、中心和知识体系，分别用一成的时间看全文和可能要引用的部分，[①] 其主要意图与上述阅读方法大略相同，但是它显然不

---

① 　参见张力：《法学论文写作》，高等教育出版社 2018 年版，第 58 页。

是问题导向的，虽然足以写成论文，但是很难提高读者的问题意识。

"行万里路"也不容易。"行万里路"其实就是获取经验事实材料，就是搜集论据对论点进行正面证成（立论）和证明该论点的反面不成立（驳论）。有人认为论点是从事物的个性中抽象出的事物的共性，① 还有人认为要尽可能地搜集所有的有关题目的研究资料。② 我们认为这些看法是片面且具有误导性的。首先，论点通常难以对某一特定事物进行完全归纳，对该事物的不完全归纳也可以总结、概括和抽象出一个论点。其次，在检验论点时，也不必等到搜集到所有的事物后再进行正面立论和反面驳论。恰恰相反，对论点的检验主要来自"与初始观察相一致之外对解释的不同检验"③。

当然，在法学论文的写作中，一些作者经常声称他的观点是受到他人命题、判断、观点、理论和学说的启发，而非生成于上述过程之中。笔者以为，这些作者所声称的、受他人启发获得的其实不是观点，而仅是疑问或者困惑。④ 虽然这些疑问、困惑也非常重要，但它们仅是观点生成之前的事物。"作者提出了问题，

---

① 参见叶继元：《人文社会科学学术观点创新之对策》，《上海师范大学学报（哲学社会科学版）》2008 年第 5 期。

② 参见丁铁：《论文选题漫谈》，《大庆社会科学》1998 年第 3 期。

③ ［美］罗伯特·K. 默顿：《社会理论和社会结构》，唐少杰、齐心等译，译林出版社2015 年版，第 213 页。

④ 参见李可：《法学方法论》，贵州人民出版社 2003 年版，第 235—238 页。

而这个问题显然不是论点，但却极有可能发展成论点。"① 要将疑问、困惑发展成论点，作者必须从"万卷书"中寻找相关的理论，将之转化为一个理论问题，并将之放到"万里路"中去检验。

在法学论文写作中，以下三类文献和资料对于生成论点比较有用。

一、新的立法、执法、司法和法律监督事件。尤其是当已有理论难以或者根本无法解释这些事件时，新的论点也就在掌握了足够的理论工具而又目光敏锐的学者的脑海中逐渐成形了。例如，以鉴代侦问题在程序和实体上是有问题的，有学者敏锐地捕捉到这一重要的新问题，提炼出了新的论点。又如 2023 年公司法修订，股权转让中的优先购买权问题触发学者撰写了《优先购买权中转让人的利益失衡与校正》一文。②

二、未为但是值得为法律规制的社会现象。尤其是该现象也未为现有理论所关注时，只要发现足够多的类似现象，并有能力提出充分的证据证明该现象值得为法律规制，新的论点也就呼之欲出了。例如新技术引起的法律问题，在法律来不及规制、现有理论来不及观照时，抓住这些问题，进行理论提炼，就可以产生

---

① 陈青云：《学术论文论点创新发生机制与创新方式》，《长江大学学报（社会科学版）》2012 年第 6 期。

② 分别参见陈如超：《以鉴代侦：电子数据司法鉴定的扩张趋势及其制度回应》，《法学研究》2024 年第 3 期；梁上上：《优先购买权中转让人的利益失衡与校正》，《中国法学》2024 年第 2 期。

全新的论点。譬如物联网、大数据、人工智能、智慧司法、基因编辑，都是最容易产生新论点的领域。

三、在实证调研中遇到的、偏离现有法律理论的经验现象。法学工作者如果能够证明此种偏离是一种假象，那么就拓展了该法律理论的解释范围；如果证明此种偏离构成了对该法律理论的实质抵触，那么新的理论就可能由此诞生。例如，公诉人可以对取得被害人谅解的被告人建议在法定刑期内从轻处罚的现象，事实上是偏离现有当代中国法律理论的，如果发现了此种偏离并予以理论上的解释、提炼，就有可能提出新的理论。但是仅仅发现这一偏离，并不足以提出新的论点。①

第四节　设　计

在符合前述四点要求的前提下，作者应当对论点进行合理的、精心的设计，以使之更加吸引编辑和读者。对论点的设计，可以从以下五个方面入手。

一、使用新的术语、概念和范畴概括新的法律现象。法学工作者的一大使命就是准确认识时代发展的潮流，紧紧把握时代跳动的脉搏，及时概括出新时代出现的新的法律现象、法律事物，为人们贡献新的法律术语、概念和范畴，以更加准确、深刻地认

---

① 例见马静华：《刑事和解的理论基础及其在我国的制度构想》，《法律科学》2003 年第 4 期。

识正在发生和将要发生的法律现象。例如，2018 年刑事诉讼法增设特殊不起诉制度，如能对这一新的立法现象作出学理上的提炼，可望提出新的理论。①

二、提出一针见血、铿锵有力的判断。对于当前法学共同体存在模糊认识的法律现象和事物，作者不妨在掌握充足理论工具和经验材料的基础上，提出一针见血、铿锵有力的判断，一方面振聋发聩，另一方面也鞭策自己寻找更加充分的经验材料，对该判断进行正面证成和反面证伪。例如，围绕 2017 年《行政诉讼法》第 38 条第 2 款中双方当事人举证责任认识的分歧，有学者通过细致分析，提出比较清晰的解决方案。② 当它被证实了，说明它暂时是有效的理论命题；当它被证伪了，说明它可能是错的，或者它生效的条件、作用的方式没有被阐释清楚。

三、立得充分，破得彻底。在提出理论观点的时候，一定要有充足的经验事实予以支撑，而在破除与之对立的理论观点的时候，也要有充足的经验事实予以推翻。只有把自己的论点立得牢靠，把相反的观点破得彻底，才能吸引编辑和读者的注意。例如在环境权的性质上，学界有人格权说、财产权说，有学者基于充足的经验事实，通过说理，破除了这两种学说，提出了环境享用

---

① 例见董坤：《认罪认罚从宽中的特殊不起诉》，《法学研究》2019 年第 6 期。
② 参见罗智敏：《行政赔偿案件中原被告举证责任辨析》，《中国法学》2019 年第 6 期。

权说。①

四、在遣词造句上一定要简洁、明了，不要犹疑不决。"论点中的概念必须明确、严密，其内涵、外延必须有准确鲜明的界定。"②法学论点犹如将令，更要简洁明了，朗朗上口，千万不要拖沓冗长，更不要有歧义，以致给编辑和读者带来误会。因此在形式上，论点应当能够用一句话予以概括和表达。例如《法理即法律原理之解说》一文"法理乃法律原理"的论点，简短有力，令人印象深刻。③

五、要使用规范的法言法语，不要口语化，更不要文学化。"法学论文与一般的人文社科论文的不同之处在于其写作的规范性要求，避免通俗化和文学化。"④与日常语言和文学语言不同，法言法语在文字和句读上往往是差之毫厘，谬以千里。法学论点往前进一步，为政治家和立法者所采纳，就成为正式的法律，因此它要使用规范的法言法语，不能随心所欲，更不能率性而为。"法律和法律学，无论吸收任何'知识'，都要融入、纳入固有的法律概念体系之中，不容许游离于固有法律概念体系之外。"⑤

① 参见杨朝霞：《论环境权的性质》，《中国法学》2020 年第 2 期。
② 陈青云：《学术论文论点创新发生机制与创新方式》，《长江大学学报（社会科学版）》2012 年第 6 期。
③ 参见胡玉鸿：《法理即法律原理之解说》，《中国法学》2020 年第 2 期。
④ 张力：《法学论文写作》，高等教育出版社 2018 年版，第 6 页。
⑤ 梁慧星：《法学学位论文写作方法》（第 3 版），法律出版社 2017 年版，第 153 页。

与文献综述的撰写一样，论点的设计也是为了吸引编辑和同行继续阅读论文，说服编辑和同行信服自己的观点，因此它也不可避免地带有学术修辞的性质。这尤其体现在上述第一点、第二点和第四点设计要求上。

第五节　常见问题

在论点的提出、组织和表达上，作者经常出现的错误或问题依次有平庸、偏颇、无法证明或证伪、将因果发现当理论、忽视真理的边界、混淆"是"与"应当"六种。

一、平庸

由于没有穷尽本领域所有的理论和学说，作者误以为发现了一个已有理论无法解释，或者无法完全解释，或者能够解释它的理论相互矛盾的经验事实，并由此将之上升为理论问题，表达自己的观点和看法。"目前人文社会科学研究中存在的最大问题之一就是平庸、伪劣之作过多，很多学术论著没有独特的观点。"[①]在我们看来，其中原因之一就在于没有掌握本领域或者方向中全部的前沿理论，无法超越现有理论，进而提炼出新的理论，分析新的经验事实发生的原因、拥有的功能和发展的趋势。

---

① 叶继元:《人文社会科学学术观点创新之对策》，《上海师范大学学报（哲学社会科学版）》2008 年第 5 期。

二、偏颇

论点的偏颇有两种类型的表现。一是理论含量上的偏颇。导致此种偏颇的原因是，作者的论点虽然有一定的论据予以支持，但是在质量上太低，数量上太少，达不到作者声称的充分性和客观性。二是价值立场上的偏颇。作者没有秉持客观公正的价值立场，出于个人的政治立场、经济利益、教育背景、宗教信仰等罔顾论证的充足程度而偏向理论争论的某一方。

三、无法证明或证伪

作者提出的论点无法被经验事实或者理论命题所证明，也无法被经验事实或理论命题所证伪。这样的论点显然难以被证明是科学的、客观的。

四、将因果发现当理论

一些人认为，发现了某一法律现象 Y 背后的原因 X，等于发现了两者之间的因果律，因而也就创立了一个法律理论。这一看法无疑是错误的。"一个理论的提出，不但意味着一种因果关系被建立起来，而且代表着对现象本身含义的和与其他现象之间关系以及相对重要性的重新认识。而这些认识和知识不可能通过因果分析方法本身来得到。"[1]简言之，理论观点的提出需要作者发现已有理论解释不了，或者不能完全解释，或者不同理论作出

---

[1] 章奇：《社会科学中的因果关系及其分析方法》，《浙江社会科学》2008 年第 3 期。

了矛盾解释的法律现象，然后提出暂时性的理论假说。

五、忽视真理的边界

正如任何真理都是有限的，都有其生效的条件、作用的方式和功能的边界一样，论文的论点也是如此。"学术论文的论点即是判断，而且是一个在一定条件下才能成立的判断。"[①] 例如，近代人类学家认为，宗教的功能是整合的，但是显然，这一判断是他们从无文字社会的研究中得出的，在多宗教社会中并不成立。[②] 同样，在法学论文的写作中，许多人忽视了论点有限性的事实，在发现大量的能够证明论点成立的法律现象后，误以为该论点是放之四海而皆准的，殊不知在经验世界中，也有大量法律现象构成了该论点的边界，而越过这一边界，该论点也就从真理走向谬误。

六、混淆"是"与"应当"

将价值判断当作事实判断对待，或者将意识形态当作科学对待，从而经常在事实判断中混入价值判断，在社会科学中贩卖个人或集体信仰，在描述中植入规范。

[①]　陈青云：《学术论文论点创新发生机制与创新方式》，《长江大学学报（社会科学版）》2012 年第 6 期。

[②]　参见［美］罗伯特·K. 默顿：《社会理论和社会结构》，唐少杰、齐心等译，译林出版社 2015 年版，第 121 页。

思 考 题

1. 试述一个合格论点的基本要求。

2. 法学论文论点的来源有哪些？

3. 如何设计一个令人眼前一亮的论点？试举一例。

第 六 讲

研究思路不清
则论证难精

　　思路不清，好题不新；思路不清，论证难精。清晰的研究思路来自对研究领域的了然于胸和对研究重点的准确把握。

　　研究思路是论著撰写、项目设计的实质要件，在学位论文和项目申请中，必须呈现给学位授予方和项目发布方。研究思路不清，论著就显得没有逻辑，甚至就是一堆僵死的文字；研究思路越清晰，论著的结构、论证和行文等也就越清晰。

第一节　定　义

　　研究思路是指论文、著作、项目开展的步骤、程序和框架。它是作者为了验证某一假设性理论命题的实验方案。有人将它类比于皮亚杰的认知结构图式、库恩的研究范式。[①] 广义上的研究思路包括研究的总体思路、研究视角和研究路径，狭义的研究思路仅指研究的总体思路，不包括研究视角和研究路径。例如《基层法院的执行生态与非均衡执行》一文所指的研究思路似乎是广义的；《新时代政法改革论纲》一文的研究思路则似乎是狭义的。[②] 对于法学论文而言，研究思路具有决定创新成败、指导科

---

①　参见徐明明：《论科学研究思路》，《宁波师院学报（社会科学版）》1995 年第 1 期。
②　参见于龙刚：《基层法院的执行生态与非均衡执行》，《法学研究》2020 年第 3 期；黄文艺：《新时代政法改革论纲》，《中国法学》2019 年第 4 期。

研活动、验证假设性命题等三大功能。

一、决定创新成败

研究思路决定了科研主体"看什么"和"怎么看",从而也就决定了发现的方向和范围。如果研究思路过于传统,那么科研主体就难以作出新的发现和创造。在一种研究思路已经过于僵化时,科研主体只有更新、拓展研究思路,才可能有新的发现和创造。"一个科学家在某一学科领域首开一种新的研究思路,并取得富有成效的研究成果,他往往就成为这一学科或学派的创始人而奠定其学术地位。"[①] 例如《行政诉讼原告资格中"利害关系"的判断结构》一文,针对行政诉讼原告资格中"利害关系"的判断标准这一老问题,一反传统研究思路,采用"提炼中国式的法经验"的新研究思路。[②]

因此,一个全新的题目,只有配上一个全新的研究思路,才能写出真正的新意来,否则就可能把新的题目引向旧的方向,一切又回到老路上,老生常谈,写的论文也就平淡无奇。

二、指导科研活动

如上所述,研究思路告诉科研主体应当"看什么"和"怎么看",指导科研主体收集、整理、归纳和提炼文献资料。科研活

---

① 徐明明:《论科学研究思路》,《宁波师院学报(社会科学版)》1995 年第 1 期。
② 参见章剑生:《行政诉讼原告资格中"利害关系"的判断结构》,《中国法学》2019 年第 4 期。

动之所以可能，就是由于有研究思路的指导，否则在信息爆炸的今天，科研主体将在海量的信息面前无所适从。研究思路为科研主体提供了一个理论框架、一条思维路线、一个看问题的角度。例如，《比例原则位阶秩序的司法适用》一文研究的是一个有着大量前期成果的问题，作者从判例切入，描述比例原则三阶论在当代中国的实然司法样态，进而从一个新的角度审视该问题。[①]

三、验证假设性命题

研究思路是为了证成或者证伪某一假设性命题，科研主体以该命题为出发点和归宿设计研究思路，如果该命题最终承受住了逻辑、经验和科学共同体的检验，那么该命题就是成立的，否则就必须被修正甚至推倒重来。"科学……是通过扩展、修正甚至常常是抛弃原有的思想或发现而得以发展的。"[②] 例如，《逮捕审查判断中犯罪嫌疑人社会危险性的量化评估》一文设立三个研究假设，引入主题模式和 LSTM 深度学习的算法，并行采用两种衡量模型还原能力的方法，进行了实证检验。[③]

与研究思路相近的第一个概念是"目录"。目录是文献每部分内容的提示，可以按照从略到详分为不同的层级。目录必然体

---

① 参见蒋红珍：《比例原则位阶秩序的司法适用》，《法学研究》2020 年第 4 期。

② ［美］罗伯特·K. 默顿：《社会理论和社会结构》，唐少杰、齐心等译，译林出版社 2015 年版，第 796 页。

③ 参见周翔：《逮捕审查判断中犯罪嫌疑人社会危险性的量化评估》，《法学研究》2024 年第 3 期。

现了论著的研究思路，但是研究思路未必也不适合完全体现在目录中。目录通常是比较概括、简洁的，研究思路则是具体、详细的论证方案。尤其是广义的研究思路，由于包括了研究视角和研究路径，更不适合于直接列为目录。

与研究思路相近的第二个概念是"提纲"。提纲是文献内容的梗概、要点和要旨，对于论著，它包括了论点、论据、论证方法、论证结构等实质要件。从外延上看，提纲包括了研究思路。这一点早已是学界共识。[①] 但是研究思路更突出论著创作的程序和方法等形式要件，提纲在此基础上还包括论点、论据等论著创作的实质要件。"论文的指导思想、基本框架、整体结构、总的论点和各部分的布局及观点都应通过论文写作提纲反映出来。"[②]

与研究思路相近的第三个概念是"研究结构"。研究结构既指论著的体系、架构，又指论著每部分在篇幅、内容上的比例。"论文结构安排反映了作者的论证思路，……结构不顺多半是因为作者思路不清。"[③] 前述意义上的研究结构体现了作者的研究思路，但是与目录一样，研究思路未必也不适合完全体现在前述意义上的研究结构中。至于后述意义上的研究结构，跟作者的研究

---

① 参见魏振瀛：《怎样写民法学论文》，载《中外法学》编辑部：《经验与心得：法学论文指导与写作》，北京大学出版社 2017 年版，第 121 页；张力：《法学论文写作》，高等教育出版社 2018 年版，第 96 页。

② 金瑞林：《硕士学位论文的指导与写作》，载《中外法学》编辑部：《经验与心得：法学论文指导与写作》，北京大学出版社 2017 年版，第 103 页。

③ 何海波：《法学论文写作》，北京大学出版社 2014 年版，第 285 页。

思路没有太大关系。

与研究思路相近的第四个概念是"研究范式"。研究范式是指人们观察世界的一种理论框架，它有一套相对固定的术语、概念、范畴、命题、判断、观点、理论和学说。研究范式决定了研究思路的大体行程，研究思路反映了特定的研究范式。但是，研究思路还包括了比研究范式更为细致、细节的步骤和程序，是研究范式的具体化。

与研究思路相近的第五个概念是"研究方法"。研究方法是指人们认识、改造世界和自身的工具、手段、途径，或者必须遵循的程序、步骤。在前一意义上，研究思路与研究方法不是一回事；而在后一意义上，研究思路与研究方法非常接近，以致人们常将两者混淆在一起。[1] 但是就外延而言，研究思路通常比研究方法更广，即如前述，广义的研究思路包括了研究方法。"具体研究手段方法例如观察、实验、调查、分析综合等等，是在研究思路指导制约下，对具体问题进行具体分析研究时运用的手段方法。"[2]

第二节　类　型

对于研究思路的类型，学界没有做过研究。从不同的角度，

---

[1]　参见徐明明：《论科学研究思路》，《宁波师院学报（社会科学版）》1995 年第 1 期。

[2]　徐明明：《论科学研究思路》，《宁波师院学报（社会科学版）》1995 年第 1 期。

研究思路可以划分为以下三对共五种不同的类型。

一、狭义研究思路与广义研究思路

如上所述，从外延的大小上看，研究思路可以划分为狭义的研究思路与广义的研究思路。前者是指论文、著作、项目开展的步骤和程序，后者在此基础上还包括研究视角和研究路径。

二、问题导向型研究思路和观点论证型研究思路

从思维运行的方向上看，研究思路可以划分为问题导向型研究思路和观点论证型研究思路。前者是以发现、界定、分析和解决问题为导向的研究思路，它通常体现为"发现问题→界定问题→分析问题产生的原因→提出解决问题的方案"的基本框架。后者是以组织论据，运用特定的方法证实或者证伪论点为导向的研究思路，它通常体现为"提出一个假设性命题→从正面证成该命题→从反面证伪该命题→修正该命题"的基本框架。前者如《我国民事管辖审查程序的反思与修正》一文的研究思路就是问题导向型的，后者如《基于决定关系的证据客观性：概念、功能与理论定位》一文的研究思路则是观点论证型的。[①]

三、问题导向型研究思路和方法导向型研究思路

同样从思维运行的方向上看，研究思路可以划分为问题导向

[①]　分别参见段文波：《我国民事管辖审查程序的反思与修正》，《中国法学》2019 年第 4 期；徐舒浩：《基于决定关系的证据客观性：概念、功能与理论定位》，《法学研究》2021 年第 5 期。

型研究思路和方法导向型研究思路。前者强调首先分析问题，寻找问题的发生史及成因，然后提出解决问题的方案。例如，《法官员额制改革的理论反思》一文针对员额制改革带来的"案多人少""诉讼效率下降""办案法官不堪重负"等问题，分析这些问题产生的原因，并提出司法行政管理体制变革的建议。① 后者试图用现成的方法去分析、解决一切问题，如果解决不了，剪裁或者限缩问题，直到能为熟悉的方法解决为止。② 这在以方法开宗立派的学者那里，是稀松平常的事，例如《司法改革与法律职业激励环境的变化》一文运用问卷调查法，来评估当代中国的法律职业激励环境。③

上述五种研究思路应当说并无优劣之分，应视不同的题目、论点、论据选择相应的研究思路。例如对策法学型题目及论点应当选择问题导向型研究思路，而社科法学型的题目及论点应当选择观点论证型研究思路。同时，固守某一特定的、熟悉的研究思路，对于理论创新来说是不可取的。

第三节　要　求

一个好的研究思路至少应当具备清晰性、逻辑性、必要性、

---

① 参见陈瑞华：《法官员额制改革的理论反思》，《法学家》2018 年第 3 期。
② 参见席酉民：《"问题导向"与"方法导向"——谈系统工程的研究思路》，《系统工程理论与实践》1987 年第 1 期。
③ 参见吴洪淇：《司法改革与法律职业激励环境的变化》，《中国法学》2019 年第 4 期。

可行性和鲜明性等五种品格。

一、清晰性

清晰性是研究思路的首要品格，其实也是论文、著作应当具备的首要品格。如果思路不清，那么接下来的写作就会出现重复、交叉、回旋、卡顿等常见问题，再好的题目也难写出好文，更遑论写出新意。为了形成一个清晰的研究思路，作者首先要在全面阅读某一领域内所有重要文献资料的基础上，发现和提炼出一个已有理论没有很好解决，甚至没有解决的问题，并基于一定的论据对该问题提出一个假设性解决方案。然后作者再从其他时间、空间和社会条件下寻找论据，对该新方案进行证成或者证伪。例如《刑事证据"生命流程"的理论阐释》一文，发现现有理论忽视了对刑事证据的整体观察，从而提出刑事证据的"生命流程"假设，并对它进行了证成。[①] 在论证过程中，要设想到同行可能提出的反驳，并为此进行自问自答式的论辩。

二、逻辑性

一个清晰的研究思路是讲逻辑的，但是一个讲逻辑的研究思路未必是清晰的。我们经常可以看到一些作者因过度追求合逻辑性，而把研究思路弄得晦涩难懂，繁复无比，这自然影响了研究思路的清晰性。因此，我们这里讲的研究思路的逻辑性，是指一

---

① 参见冯俊伟：《刑事证据"生命流程"的理论阐释》，《中国法学》2023 年第 1 期。

个研究思路应当遵循起码的逻辑，而不能违反一些基本的逻辑法则。法学论文的研究思路要遵循法律逻辑，例如总论点与分论点之间必须有推论与被推论关系，即从 A 中必须能推出 B，但是它必须止步于某个自身无法被进一步推论的命题。

三、必要性

对于研究思路中的每一个步骤、程序，作者要反复思考，它对于证成或者证伪理论命题是否必要？如无必要，一定要删除。不必要的步骤和程序，犹如乐章中的杂音，会影响整个乐章的美感。一些期刊和学位授予单位好为人师，总是给作者或者学位申请者提供一套八股式的写作模板，例如要求对构成题目的每个概念下定义，从而导致一些作者给研究思路添加了一些不必要的步骤和程序，最终干扰了同行对结论充足性的判断。

四、可行性

研究思路确定的每一个步骤、每一道程序，作者必须搜集到充足的论据，熟练地掌握对应的方法，否则就要修改或者替换相应的步骤或程序，甚至换一个方向拟定研究思路。对于研究结论的达成，并非"自古华山一条道"，而是"条条大路通罗马"。不要迷信万能的研究思路，更不要迷信万金油式的研究方法。思想家型的学者是经常更换不同的研究思路来验证自己提出的假设性解决方案的，因为他们深知，拘泥于传统的、陈旧的研究思路，是难以有新发现和得出新结论的。

五、鲜明性

研究思路必须鲜明地指向作者提出的假设性解决方案，而不能模棱两可，甚至"王顾左右"。任何研究思路都是由一条鲜明的红线贯穿起来的，贯穿其中的红线就是作者提出的假设性解决方案或者理论命题。任何步骤、程序，都是为了验证该方案的必要性、可行性，或者命题成立的充足性。例如，《规范多元的法治协同：基于构成性视角的观察》一文提出的"破—立—展开"的研究思路就是先破"两分架构"，再立"构成性视角"。①

在上述五种品格中，清晰性是对研究思路的根本要求，逻辑性是对研究思路的基本要求，而必要性、可行性和鲜明性是研究思路的重要要求。

第四节　来　源

研究思路不是人们天生自带的，也不是博览群书就可以自发地在脑海中生成的。仅仅博览群书只是能让人成为学问家，而不可能成为思想家。研究思路是需要人们遵循一定的方法，有意识地刻意培养的。

一、从项目中寻找

要主动参与或者主持一些自己感兴趣同时又有一定知识储备

---

① 参见彭小龙：《规范多元的法治协同：基于构成性视角的观察》，《中国法学》2021 年第 5 期。

的研究项目，并围绕该项目搜集整理相关的文献资料。在阅读过程中，要带着项目提出的问题梳理学界在该问题上提出的论据、运用的分析方法和提出的解决方案，以时间为纵轴，以方案为横轴，形成一张脉络清晰的学术地图。但是仅仅这样还不够，还应当进一步思考、寻找已有论据、方法、方案的破绽和矛盾，尤其是现有方案无法真正解决的问题，哪怕是一些极小问题。尝试着提出自己的解决方案，以填补已有成果的破绽，调解其矛盾，并着手为新方案寻找论据，挑选方法，提炼证成和证伪的步骤和程序。这样，一个清晰、明确的研究思路就慢慢成形了。例如《在新的历史起点上推进中国特色法学体系构建》一文中，作者围绕国家社科基金重大专项"新时代中国特色法学基本理论研究"，梳理 70 年法学建设的伟大历程，指出了中国法学的三次革命性探索、三次历史性发展，进而提出"法学体系论"的重大理论纲领，以构建中国特色的法学体系，最终推进中国法学全面现代化。①

二、从学术交流中来

拿到一个题目，有时甚至已经有了一个初步的理论假设，却不知选择何种思路研究或者验证它。这时，可以向同行请教，他们或许能够提供给作者各种建议。作者选择一种适合自己所

---

① 参见张文显：《在新的历史起点上推进中国特色法学体系构建》，《中国社会科学》2019 年第 10 期。

掌握的材料、方法、调研条件等的建议，先对展开题目和验证假设的步骤、程序和框架有一个大体的思路，然后再交给其他同行予以讨论，请他们提修改意见，一直改到符合前述五个要求为止。

三、从生活中来

所有的理论最终都指向我们的实践，即精神实践或者物质实践。因此，在生活中，如果我们发现一些经验事实无法为理论所解释或者很好地解释，那么就要思考，是我们对该经验事实的归类不恰当，还是理论本身不周延。如果是后者，那么我们就必须对理论作出修正，甚至予以颠覆，从而提出新理论。提出新理论的过程，其实就是研究思路显露出它的轮廓的过程。当然，作者在嗣后的验证过程中，必须从思维层面慢慢确定它的框架，从逻辑层面检查它有无破绽或缺漏，有时甚至还要推倒重来。"在这个过程中，往往会发生变更思路的情况，即原来想好的思路在实际的写作中发生了变化，原来没有想清楚的问题会在写作中'自动'呈现出来。"①

第五节　常见问题

对于当下中国法学界，在研究思路的选择和设计上常见的问

---

① 　仰海峰：《如何凝炼研究思路》，《中国高校社会科学》2017 年第 1 期。

题有如下三个。

一、思路陈旧、僵化

一种研究思路为人们反复运用，年深日久必然趋于僵化。即使这种研究思路过去被认为是"成功的"，也难逃此厄运。因为当代中国的政治、经济、文化、教育、科技等领域每天都在发生悄悄的变化，以前被证明适合的研究思路，现在未必适合。法学家作为一个保守的群体，大都对新事物、新技术及新的研究思路怀有一种深深的抵触，而且也在出于保护既得发表利益的动机下，习惯于将一些他们熟悉的研究思路奉为经典，对采取新的研究思路的论著持抵制态度。此种对既有研究思路缺乏反思精神的群体态度，不利于当代中国法学的发展。

从一定的角度看，当前学界流行的法教义学和社科法学，在一定程度上可以视为对法律经验现象采取的两种研究思路。以当下的眼光看，这两种研究思路虽然在主要方面相互对立，同时也似乎在各自的视角下有其理论自洽性，但是跳脱出这两种研究思路，开辟出全新的研究思路，应当是当前中国法学界的重要任务。

二、思路不清，方向不明

这主要缘于作者不知运用什么方法，遵循何种步骤和程序去论证自己的观点。他没有一个合理的框架以取舍遇到的文献资料，没有一条红线去串联决定采用的论据，没有一个坚定的立场去评价相互冲突的理论学说，因而在学说的丛林中迷失了方向。

其实，作者撰写的研究思路是否清晰，有时本人并不一定很清楚，因为有些没有体现在研究思路中的背景性知识，导师、同学和同事未必拥有。因此，研究思路成形后，一定要拿给至少两位同行，询问他们读后的印象和建议，直到修改到令同行觉得非常清晰时为止。

三、详略不当，重点不突出

对于题涉的所有问题都平均用力，并试图面面俱到，这样不仅导致论著篇幅趋于膨大，而且也让读者无法分辨论著的重点。论著的重点犹如定海神针，其他的部分都自然而然地围绕它旋转，给它助力。要使论著详略得当，重点突出，关键在于作者要提前布局论著，高屋建瓴，见微知著。

为了使论著详略得当，重点突出，比较可行的技巧是在撰写研究思路时，将重点问题所在部分设计得比其他部分更详尽、更具体。即便如此，仍应以不妨碍作者思路之收放为限。

思 考 题

1. 试述研究思路的基本功能。

2. 研究思路应当符合哪些要求?

3. 论文研究思路有哪些来源?

4. 从法学 CSSCI 期刊近 5 年的论文中, 找出 3—5 篇论文, 分别解析其目录、提纲、写作思路以及来源。

第七讲

适合论文及作者的方法才是好方法

论题、论点、论据可以不新，但方法必须新。创新的诀窍在于：旧题新法、综合方法和自创方法。

　　方法是一座架设在题目、论点、论据此岸与论证、结论彼岸的桥梁，是认识论题和问题、处理论据和材料的工具。而且，方法可以影响论据、论证和结论。[①] 在大多数题目、论点、论据都被法学工作者"挖掘"了无数遍的当下中国，方法甚至就是法学工作者作出理论贡献的不二法门。

第一节　定　义

　　方法是主体认识、改造客观世界和自身的工具、手段、途径，或者必须遵循的程序、步骤，是主体认识客体的中介、媒介。对于法学家而言，方法是架设在经验世界与理论世界之间的桥梁。方法的基本要素有目的或目标、前提或条件、方式或手段，但是方法可以独立于主体和客体而存在，因此前两者是方法的非核心要素，而第三种要素是方法的核心要素。[②] 对此，胡适认为，那些经过长期应用而得到验证的方法具有客观独

[①]　参见 [美] 乔纳森·H. 特纳：《社会学理论的结构》（第 7 版），邱泽奇、张茂元等译，华夏出版社 2006 年版，第 245 页。

[②]　参见李可：《法学学术规范与方法论研究》，东南大学出版社 2016 年版，第 146 页。

立性。①

一、方法包含主体的目的或目标。选择什么样的方法，取决于主体所设定的目的或目标。"先有目标再谈方法。"② 目的目标不同，方法也就不同。例如为了找到法官不愿在裁判文书中明确适用习惯法的原因，研究者最好采用深入访谈、问卷调查而不是哲学思辨、规范分析的方法。

二、方法包含前提或条件。任何方法的运用，都有其给定的前提或条件；前提或条件不同，选择的方法也就不同。例如个体研究者如不掌握一定的行政资源、物质资源和社会资源，就难以采用大规模的田野调查法、问卷调查法做研究。又如实验方法假定了实验对象是可以理解的这个隐含的前提。③

三、方法包含方式或手段。方法是一种固定化、模式化的行为方式，特定主体利用它达到一定的目的目标而屡试不爽，而为其他主体效仿，从而成为一种为人熟知、公认的方法。例如基于巨量的裁判文书对某一法律问题进行司法实证研究的论文易于为期刊界所认同，它就逐渐成为当今中国法学界做类似法律研究的流行方法。

---

① 参见吴二持：《论胡适对治学方法与材料的深刻认识》，《学术界》1997 年第 2 期。
② 何海波：《法学论文写作》，北京大学出版社 2014 年版，第 112 页。
③ 参见［美］罗伯特·K.默顿：《社会理论和社会结构》，唐少杰、齐心等译，译林出版社 2015 年版，第 859 页。

第二节　类　型

从不同的角度可以将方法划分为不同的类型。作者可以根据研究的目的或目标、给定的前提或条件等，选择适合自身的方法。

一、从主体的目的或目标出发，可以将方法划分为描述的方法、解释的方法和预测的方法

（一）描述的方法

它是指客观地反映对象所处的时空条件、生理、主观意图、行动目的等实际情形的方法。描述的方法广泛地应用于自然科学、社会科学，同时在人文科学中也有适用的巨大空间。例如人文科学中的价值判断运用的前提是作者必须对个体或者集体所持的价值观念予以白描，然后才能进行价值判断。边沁在《道德与立法原理》一书中指出，将价值、价值取向当作事实对待，这是一种涂尔干式的价值处理模式。描述的方法在实然法学和法史学中占据主导地位。法学上的描述方法是指站在外部观察者的立场，对法律现象进行客观中立的性状陈述。当然，在不同的哲学流派那里，描述方法的地位、作用和含义是不一样的，其中科学主义将描述的方法抬高到无以复加的程度，由此形成描述主义的哲学流派。

描述的方法是一类方法的统称，其下包括现场观察法、田野调查法、问卷调查法、深度访谈法、个案分析、数据统计。其中观察法可以进一步分为不介入观察法和参与式观察法。[①] 总之，一切可以客观反映对象外部和内部情况的方法，都属于描述的方法，那种对客体进行描述性研究的注释的方法和历史的方法也属于描述的方法。其中历史的方法既包括由远及近的历史顺向法，也包括由近及远的历史回溯法。

（二）解释的方法

它是指运用某种特定理论理解、说明客观现象及其意义的方法。解释之所以可能的基本假定是，人的自然性和社会性具有普在性。[②] 解释的方法广泛应用于自然科学、社会科学和人文科学。例如对于个体的行动，我们必须站在其所处的时代，从其自身的处境，尤其是其家庭条件、个人的生理和心理特质、拥有的社会资源等，理解他的行为选择。同样，在不同的哲学流派中，解释方法的地位、作用和含义也是不同的。即便同一哲学流派的不同发展时期，解释方法的含义也有所不同。例如早期诠释学是一种经验主义诠释学，认为解释就是事实描述和以事实解释事实，抬高文义解释在法学方法体系中的地位。后期诠释学是一种后现代主义诠释学，认为解释就是研究理解的基本条件，恢复前见、权威、传统的合法地位。显然，前期诠

---

① 参见何海波：《法学论文写作》，北京大学出版社 2014 年版，第 90—92 页。
② 参见李可：《法学方法论》，贵州人民出版社 2003 年版，第 60 页。

释学以"事实解释事实"的做法违背了解释的本义。"不能用事实解释为什么发生另一个事实。事实不能成为因果关系中的因。"①

解释的方法也是一类方法的统称，它既包括自然科学和社会科学中的解释方法，例如假说—求证的方法、因果分析的方法、归纳—演绎的方法；也包括人文社会科学中的解释方法，例如情境分析的方法、直觉体验的方法、时间因素的历史性方法。例如，《法律方法的体系构造》一文提出，法律解释和法律续造构成了法律体系中的完全性内容。②

（三）预测的方法

它是指根据事物发展演变的内在规律，预测其未来的发展趋势和特点的方法。预测是社会科学的最高境界，而预测的准确性就是把预言与现实加以对比。但是，在社会科学中，预测的准确性是有限的。这不仅因为社会科学与自然科学的学科属性、研究方法不同，而且也因为在社会情境中，"预言"本身作为一个变量，可能参与到事物未来的发展演变当中。

预测的方法也是各种有助于预测事物未来发展趋向之方法的总称。在此，演绎的方法、归纳的方法、类比的方法，都可以归入预测的方法之列。例如，"逻辑的方法在史料钩沉与因果

---

① 陈瑞华：《论法学研究方法》，法律出版社 2017 年版，第 18 页。
② 参见黄泽敏：《法律方法的体系构造》，《中国法学》2024 年第 3 期。

追寻的基础上对历史发展的脉络予以抽象化和概念化，以建立一定的理论体系，最终把握历史发展特点，预测未来"[1]。甚至可以说，描述的方法、解释的方法也可以被归为预测的方法之列。描述的方法在客观中立地重现法律现象，揭示其内在发展规律的基础上，可以比较准确地预测其发展的趋势。而"解释的客观性从另一个侧面讲是解释结果的可预测性"，"只要解释是遵守一定的规则（比如说合法性和合理性），它即是客观的、可预测的"。[2]

如果将法学归属于社会科学，那么它也应当包含预测的方法。例如实用法学发展出来的预测法官裁判的方法、洞察的方法、直觉的方法。一些人甚至认为，这是实用法学的最大任务。[3] 例如，《违约金酌减预测研究》一文就运用计量分析模型，对违约金酌减进行结果预测研究。[4]

二、从研究动机或意图出发，可以将方法划分为理论运用的方法和理论创新的方法

（一）理论运用的方法

它是指运用现成的理论解释某一事物、现象的方法。学界绝大多数作者只能做到这一点。在法学论文写作中，作者运用的应

---

[1]　李可：《法学方法论》，贵州人民出版社 2003 年版，第 358 页。
[2]　李可：《法学方法论》，贵州人民出版社 2003 年版，第 471 页。
[3]　参见段匡：《日本的民法解释学》，复旦大学出版社 2005 年版，第 205 页。
[4]　参见屈茂辉：《违约金酌减预测研究》，《中国社会科学》2020 年第 5 期。

是跟法学高度相关的本学科或者其他学科的理论，例如哲学、伦理学、政治学、文化学、历史学、经济学、社会学、计算机科学中的现成理论。

（二）理论创新的方法

它是指创立假说对现有理论解释不了或者不能完全解释的现象予以解释的方法。学界只有极少数作者能做到这一点。要实现理论创新，必须采取"先归纳后演绎"的方法，自近代以来就是学界的共识。"在实验、实证基础上的逻辑归纳、推理和演绎从而形成观念、概念和范畴，作为科学研究最基本的方法是学界没有多少疑义的。"[①]

在法学中，最常见的理论创新的方法有概念化、模式化和因果化。其中概念化是主体对客体主要特征的描述，从而将该客体区别于其他客体。概念化有三个特征：一是必须具有普遍适用性。只有当经验概括上升到概念化的高度，且这些概念之间生成清晰的逻辑关系时，理论才真正出现。因为只有在此时，客体所表征的经验范围才能被拓展。二是必须反映客体区别于上位概念的根本属性及特征。当然，对这种种差的认识是不断前进的，也就是说，概念的含义在持续拓展深化。"概念普遍化表明，这些一般命题不仅可能对特定的军队情境富有

---

① 吴炫：《论中国式理论原创的方法》，《社会科学战线》2011 年第 8 期。

意义，而且对符合这一理论表达要求的更广泛的情境同样如此。"① 三是具有规范性。"科学研究，尤其是理论研究，在某种意义上就是提出、分析、论证和积累概念的过程。"② 概念化是对客体个别特征的取舍，取舍的标准取决于主体的世界观和理论前见。"在法律概念的构成上'必须'考虑到拟借助该概念来达到的目的，或实现的价值。"③ 例如，《论宪法的稳预期功能》一文从强化法治的稳预期功能之需要出发，提出了预防型法治这一新概念。④

模式来源于经验，又高于经验，"是对事物存在和发展的方式、特征及其走向的高度抽象和概括，是提供一种理论分析、论证、评价的参照框架，或模仿学习的标准样式"⑤。模式化也是主体对客体主要特征的抽象化，只是抽象程度比概念化要低。它相当于哲学中的上升法。"上升法是指从经验现象中发现已有理论解释不了的'例外'部分，对之予以模式化，从而形成假说的方法。"⑥ 概念化与类型化之间，模式化更接近类型化。模式化也有三个特征：一是必须有此模式与彼模式

---

①　[美] 罗伯特·K.默顿：《社会理论和社会结构》，唐少杰、齐心等译，译林出版社2015年版，第428页。

②　张文显：《法哲学范畴研究》（修订版），中国政法大学出版社2001年版，"绪论"部分第1页。

③　黄茂荣：《法学方法与现代民法》，中国政法大学出版社2001年版，第46页。

④　参见刘茹洁：《论宪法的稳预期功能》，《北方法学》2023年第4期。

⑤　奚从清：《角色论——个人与社会的互动》，浙江大学出版社2010年版，第159页。

⑥　李可：《法学方法论原理》，法律出版社2011年版，第239页。

的划分标准；二是必须有一个参照系；三是必须具有普遍解释力。法学作为一门社会科学，模式化是其最重要的理论创新方法之一。《中国社会科学》《法学研究》《中国法学》从 2019 年 7 月 28 日至 2024 年 7 月 28 日五年内共发表了 25 篇题目中包含"模式"一词的专业论文。例如《行政执法和解的模式及其运用》一文根据不同的适用前提、表意形式和实现方法，将行政执法和解归纳提炼为八种模式，从而实现了理论创新。①

因果化重视运用理论假说解释经验事实，重视因果律在解释经验事实上的作用，要求研究者摒弃个人的价值判断。"事实可以变相发生这一点使一种弱意义上的因果律得以在社会科学中立足。"② 因果化的三个特征：一是必须有一个理论模型；二是必须有一个核心命题；三是必须找出和区分外生变量（自变量）X 与内生变量（因变量）Y。由于法律现象具有实证维度和物质属性，所以因果化可以用于法律科学的理论创新。例如，《量刑自由裁量权的边界：集体经验、个体决策与偏差识别》一文为了控制承审法官的量刑偏差问题，提出了研究假设，搜集了样本，设置了变量，建构了统计模型。③

---

① 参见方世荣、白云锋：《行政执法和解的模式及其运用》，《法学研究》2019 年第 5 期。
② 李可：《法学方法论》，贵州人民出版社 2003 年版，第 172 页。
③ 参见吴雨豪：《量刑自由裁量权的边界：集体经验、个体决策与偏差识别》，《法学研究》2021 年第 6 期。

三、从分析工具属性的角度看，可以分为定性分析法和定量分析法，自然实验分析法和实地实验分析法，理性方法和非理性方法

（一）定性分析法和定量分析法

它们都属于实证分析方法，只是具体获取数据的手段不同。定性分析法是采取一致分析法、差异分析法等确定自变量（外生变量）X 是否是因变量（内生变量）Y 的必要或者充分原因，或者通过过程追踪法探寻 X 是如何影响 Y 的。定量分析法是在假定其他条件不变的前提下，研究 Y 与 X 之间的数量关系，从而获得 X 对 Y 的平均影响。例如《论我国行政法上的成本收益分析原则：理论证成与适用展开》一文，对于上述两种方法在行政法上的适用问题作了比较详细的介绍。[①]

定量分析要求样本规模足够大，同时又具有可重复性。借助物联网、大数据、云计算、人工智能等技术，完全可以对题涉领域进行全样本分析。"只要抽样过程符合随机性要求，样本越大，抽样误差就越小。"[②] 目前中国的法律实证研究还存在诸多问题，例如量化数据不足、统计操作随意。[③]

---

① 参见郑雅方：《论我国行政法上的成本收益分析原则：理论证成与适用展开》，《中国法学》2020 年第 2 期。

② 白建军：《大数据对法学研究的些许影响》，载《中外法学》编辑部：《经验与心得：法学论文指导与写作》，北京大学出版社 2017 年版，第 70 页。

③ 参见程金华：《迈向科学的法律实证研究》，《清华法学》2018 年第 4 期。

（二）自然实验分析法和实地实验分析方法

它们都假定了自然界是可以理解的秩序，可以通过实验观察自变量（外生变量）X 对因变量（内生变量）Y 的影响。但前者是在自然环境中自发进行的、具备人为实验一切特征的实验分析法；后者是指在自然环境中贯彻实验设计，随机选取实验对象、手段和刺激的实验分析方法。

（三）理性方法和非理性方法

这两种方法对法律现象的假定不一样。前者认为法律是理性人的创造物，法律行为是理性人对法律的反应；后者认为法律至少包含了人们的非理性因素，法律行为不完全是人们对法律的理性反应。法律中是否存在人类的非理性因素，这是一个事实问题，不是哪种方法论假定可以否定得了的。如果仅运用理性方法或者非理性方法无法解释法律现象，那么就必须承认对方在解释法律现象上的相对合理性。例如，那些扩张了纯粹理性人概念，并将之作为研究方法的论著，通常诉诸了非理性的方法。广义资本概念、广义经济人概念等，都是一些使用了非理性方法的分析工具。

理性方法至少包括归纳、演绎、类推、实验、实证等方法，非理性方法至少包括直觉、想象、顿悟、洞察等方法。

四、从学科属性的角度看，可以将法学论文写作的方法分为人文科学方法、社会科学方法和自然科学方法

（一）人文科学方法

价值判断，又称实质推理、批判推理，是一种典型的人文科学方法。价值判断是指主体运用特定的价值准则、价值尺度对客体作出的有无价值、何种价值和价值多少的评价。价值判断"具有评价、指示、劝告、命令、建议的功能"①。在法学论文写作中，选择课题需要价值判断，以决定哪项课题更值得研究；资料拣选需要价值判断，以决定哪些资料与课题相关或者不相关、重要或者不重要。在评价实在法的善恶时，以理性法、理想图景作为参照，就是一种价值判断行为。可见，"对于作者来说，自由创造始终只是某种受以前给出的价值判断所制约的交往关系的一个方面"②。

作者在作价值判断时，要公开表明自己的利益需求、价值立场、价值尺度，同时要尊重对手的利益需求、价值立场、价值尺度。在价值之间不可通约时，不能强制对方服从自己的价值选择。套用人们对法官应当表白其价值判断的告诫，作者在法学论文写作时，不能不对自己的前理解、价值判断、是非感不予明

---

① ［英］麦考密克、［奥］魏因贝格尔：《制度法论》，周叶谦译，中国政法大学出版社1994年版，第138、141页。

② ［德］加达默尔：《真理与方法——哲学诠释学的基本特征》（上卷），洪汉鼎译，上海译文出版社1999年版，第173页。

示，不能在论文中写下虚假的理由，不能不干净利落地进行论证，而最终诉诸权力要求。①

（二）社会科学方法

因果分析是一种典型的社会科学方法。因果分析又称辨明模式，是指确定自变量（外生变量）X 与因变量（内生变量）Y 之间存在促发与被促发关系的方法。在寻找促发 Y 出现的 X 时要注意以下五点：第一，X 应当先于 Y 出现。第二，可能有多个 X 促发了 Y，也可能一个 X 促发了多个 Y。第三，如果是多个 X 促发了 Y，那么一定要区分主要的 X 和次要的 X。第四，要弄清楚因果关系的类型，通常有直接因果关系、间接因果关系、双向因果关系、循环因果关系等四种。第五，因果关系的成立和确定是有条件的，缺乏这些条件，或者不存在因果关系，或者就无法确定 X 和 Y 之间的因果关系及其类型。

因果分析方法是一类方法的统称，像法学界所熟悉的路径分析、实验法、比较分析法，都属于因果分析方法。无论因果分析的目的是解释还是预测，找到导致 Y 出现的 X，都是其关键步骤。求同法、求异法、求同求异并用法、剩余法、共变法是找到 X 的"穆勒五法"。

在理论研究中，外生变量必须是理论化的变量，而非单纯的

_____

① 参见［德］阿图尔·考夫曼、温弗里德·哈斯默尔主编：《当代法哲学和法律理论导论》，郑永流译，法律出版社 2002 年版，第 179 页。

经验事实；因果关系必须是直接因果关系，而非间接因果关系。

（三）自然科学方法

实验法是一种典型的自然科学方法。从实验中归纳出理论命题，再从命题结论中演绎出若干基本原理，以接受客观现象的检验。从命题中推导出的预言必须是精确的，而不能是模糊的，否则检验就不具备有效性。通过实验可以对既有理论命题蕴含的经验事实进行检验，以便决定是否接受、修正或者推翻该命题。

由于法学中存在大量不可观察性实体，同时"各种社会演变通常均非——以实验可得证明的——单向的发展方式，其毋宁经常与其他社会演变处于交互作用的关系"，[①] 因此法学很难以实验法为主。不过，在法学中仍可以进行开放的"社会实验"。如伯尔曼在《法律与革命——西方法律传统的形成》一书中所言，当中世纪的法学家"能够对于不同类型的法律规则以及法律规则发生变化的后果进行比较的时候，这样的经验便可以达到实验水平。那些不尽如人意的规则有时要加以修订，有时要宣布无效，有时则搁置不用。人们感到满意的规则通常则继续有效。这样的'实验'缺少实验室实验的精确性；不过它们却是一种社会实验，一座'历史的实验室'——也就是近代科学家称之为'自然实验'的东西"。同时，法学中的可测量性实体，也可以通过实验方法

---

① ［德］卡尔·拉伦茨（Karl Larenz）：《法学方法论》，陈爱娥译，五南图书出版公司1996年版，第90页。

予以研究。例如《民众对司法判决的认同与信赖——基于认知实验的研究》一文，就采取认知实验的方法将民众对司法判决的认同度、信赖度进行了研究。[①]

第三节　要　求

只有设计、选择恰当的方法，才能认识、解释法律现象或者解决法律问题。一种被选定的、恰当的方法通常应当具备如下五个方面的要求。

一、合乎目的性

被选定的方法应当符合作者研究的目的或目标，这也是由方法的目的或目标要素决定了的。例如作者要使其研究结果具有可复现性，那么就应当选择经验实证的方法。例如，《支持理论下民事诉讼当事人法律意识的实证研究》一文通过访谈法，借助支持理论和法律意识理论，分析了民事诉讼当事人对司法信赖的维度。[②]

二、合乎能力性

被选定的方法应当符合作者的个人研究能力、拥有的客观条件，例如能够支配、接触的人力、物力和财力，这也是由方法的前提或条件要素决定了的。因此，选择方法要量力而行，尤其是

---

① 参见林喜芬、陈齐等、秦裕林：《民众对司法判决的认同与信赖——基于认知实验的研究》，《法学研究》2024 年第 2 期。
② 参见冯晶：《支持理论下民事诉讼当事人法律意识的实证研究》，《法学研究》2020年第 1 期。

对于研究生，最好不要选择那些需要动用大量人脉资源、物质资源和符号资源的方法，例如项目试验法、大规模的社会调查法。

三、合乎学科性

被选定的方法应当符合作者的研究对象、领域和学科。例如民法、刑法、民事诉讼法、刑事诉讼法和行政诉讼法有成文的法典，可以选择解释的方法研究法律的修改、废除和适用问题；行政法、环境法目前没有成文的法典，可以选择比较的方法和历史的方法研究法典的编纂问题；法理学严格地讲没有自己的法律文本，通常倾向于选择哲学思辨、逻辑实证、价值分析等方法从事研究；法史学由于是法学与历史学合成的交叉学科，使用历史的方法及与其他学科方法结合的方法，比如历史社会学的方法展开研究，比较适合。①

四、合乎伦理性

方法的运用不能违反人类文明社会的普适价值，不能违反社会公认的伦理道德，不能抵触大众朴素的道德与正义直觉。"伦理性或价值性则常常作为实践性的一个替代物，成为检验特定方法正误的尺度。"② 例如，项目实验或者经验实证的方法不能违反人类伦理、动物伦理和善良风俗；田野调查不能触碰调查对象和

---

① 例见陈颀：《制度钟摆及其演变机制——农地收益分配制度变革的历史社会学研究》，《学术月刊》2023 年第 1 期。

② 李可：《法学学术规范与方法论研究》，东南大学出版社 2016 年版，第 147 页。

当地的禁忌。

五、合乎时代性

每个时代有自己主流的法学思潮、写作风格，要使自己的作品接入主流的法学脉络，就得选择符合时代潮流的方法。例如在盛行经验实证之风的当下，作者尤其是研究生要使自己的法学论文比较容易被期刊采纳，被同行接受，就得大量使用经验实证的方法展开研究。

第四节　来　源

在近代，法学是从哲学、伦理学、政治学等人文科学、社会科学中独立出来的。规范分析方法是法学赢得独立，成为一门自主科学的主要依凭。但是实际上，规范分析方法非法学所独有，伦理学、政治学、经济学等其他人文科学、社会科学也广泛使用，其中伦理学甚至仰仗规范分析方法。当然，无论是在法学独立之初还是今天，人们都试图通过人文科学、社会科学，乃至自然科学方法研究法学。由此我们可以发现，法学论文的写作方法至少有如下六个主要来源。

一、规范学

虽然伦理学、政治学、经济学也使用规范分析方法，并且法学的上位概念（属概念）也是规范学，但是至少相对于其他人文科学、社会科学而言，规范学是法学及法学论文写作最经常、最主要的来源。规范学是以规范为主要研究对象，从一定价值判断出发，说明、回答"应当怎么样"的科学。规范学得以展开的前提是承认特定规范体系的正当性，它运行的基本路径是遵循规范逻辑，承认或者设置一个其合法性不容置疑的原始规范。当然，虽然规范分析方法是法学特有的方法，但是在当代中国，它并未获得应有的位置。[①]

从学科性质、特征上来看，将规范学等同于教义学是比较恰当的。教义学不是一个新名词，它原指研究宗教教义、信条的学科，是对宗教教义、信条、教理的理论化和体系化。从外延上看，教义学包括注释学、评注学、教法学。每种宗教及其流派都有它的教义学，如果从将法学视为一门信仰法治、尊奉法律，尤其是原始宪法的学科的角度看，那么法学也应该有其教义学。如果要将它与其他教义学区别开来，那么法学的教义学可以称为法律教义学。

二、哲学

法学是从哲学中分化出来，它必然分有哲学的一些性质、特征和发生发展规律。哲学是关于世界观的学说，是人们对于自然现象、社会现象和思维现象之根本观点的体系化、系统化、理论化，是对客观世界和思维之本体论、认识论和方法论的终极追

---

① 参见谢晖：《论规范分析方法》，《中国法学》2009 年第 2 期。

问。哲学的本质特性是追问和批判，法学也有此种特性。

同时，任何法学论文写作必须设置的假定也来自作者的哲学思想。"假定也同时蕴含着研究者的人文立场，它是研究者哲学思想的衍生物。"[①] 对此，我将隐藏在假定背后的作者的世界观、哲学态度称为作者的哲学背景。[②] 也可以说这是法学论文的元理论。

三、伦理学

早期法学也是伦理学的一部分，法学是从伦理学等学科中分化出来的，直到今天仍与伦理学密切相关。伦理学是以道德现象及其生成、运行、发展规律为研究对象的学科，又称为道德科学。伦理学的目的与法学相似，是改造、完善人类自身，促成个体过一种有道德的生活，成为一个"善人"；改进人与人之间的关系，形成一种良善的人际关系。其中规范伦理学与法学最为相似。与法学不同的是，伦理学是通过道德规范而非法律规范抑制人性中恶的成分，发扬其善的成分，从而改造、完善人类和协调人与人之间的关系。

在法学论文写作中，作者有时必须基于一定的伦理观来展开研究，例如关于人性的假定，一些基本的道德准则的不可争议性的假定，道德规范的功能、作用。他可以借助伦理学研究法律难

---

① 胡玉鸿：《法学方法论导论》，山东人民出版社 2002 年版，第 40 页。
② 参见李可：《法学方法论》，贵州人民出版社 2003 年版，第 263 页。

以触及、法学难以解释但又不得不触及的领域，例如无权利的义务行为、生命的意义、犯罪改造、司法人员的职业道德。在写作过程中，要依次运用描述伦理学、规范伦理学和理论伦理学等。

四、政治学

法学也是从政治学中分离出来的，一些法治后发国家的法学直至现代仍与政治学界限模糊。政治学是以国家、政党等政治现象及其发生、演变和消亡之规律为研究对象的学科。广义政治学包括宪法学、行政法学和国际法学等法律学科，狭义政治学仅指国家学、政府学和政党学。

法律、法治作为一种政治现象，注定了政治学在法学方法中的重要地位。在法学论文写作中，作者有时要确定一个国家、社会的未来发展图景，就必然要借助政治学描述此幅图景，以为制度设计远景目标。而公法学者在论文写作中，则无一例外地要运用政治学分析公权的本质、职能、发生及演变规律，公权的维护、滥用及规制等问题。

五、文化学

文化学是以文化为研究对象，以发现文化生成、运行、消亡之规律和过程的学科。法律与知识、信仰、艺术、道德、风俗、习惯被视为文化之核心要素，为世所公认。文化学将法律当作一种文化现象予以对待，研究法律的生成、运行、发展和消亡及其文化原因，研究共同体法律意识的生成、发展和变化及其与法律实效性之间的内在关联。

在法学论文写作中，作者可以借助文化学，从法律的载体——语言、行为、仪式、思想、观念等，对法律进行文化层面的研究。文化学在法律上的基本命题是，一个共同体的法律取决于它的文化，而非人的生理或者物质特征。

六、历史学

法学虽不是从历史学中分离出来的，但是法学研究离不开历史学，却是不争的事实。对任何制度的研究之前提是必须对该制度迄今为止的发展演变予以客观描述，然后才谈得上探究其内在的运行规律，以预测该制度的未来趋向。历史学是研究人类社会生成和运行过程及其内在规律的学科。从社会领域的角度看，历史学涵括了法律制度史、法律思想史、法律文化史等。从地域上又可以笼统地划分为中国法制史与外国法制史、中国法律思想史与外国法律思想史、中国法律文化史与外国法律文化史。

法学论文写作在借鉴上述学科之方法时，要以尊重法学的本质属性、宗旨目的、目标任务为前提。同时，在不同的学科属性的观照下，法学的本质属性、宗旨目的、目标任务也可能呈现不同的色彩，作者在写作中必须选择一种学科属性，在转换学科属性时也要注意协调学科属性之间的矛盾冲突之处。

第五节　常见问题

对于法学论文的作者来说，在方法的选择和运用上经常出现下述四个问题。

一、违反了方法选择的最低层次要求。方法过于宏观，不是最低层级的方法。不仅在法学论文写作中，而且在项目申请书撰写中，也经常可以发现作者笼统地说选择和使用了某一学科的方法，但该学科包含若干层次的方法，到底是哪一层次的哪一种方法，不得而知。此种选择、运用方法的方式，让人感觉空洞、敷衍，没有具体针对性。

因此，在表明论文及项目使用的方法时，应当找到某一学科中最低层级的方法。如果该层级的方法不完全适用于研究对象，应当对之作出改造，由此就生成了新的方法。这种方法，一定意义上可以称为自创的方法。例如《法律行为内容评判的个案审查比对方法——兼谈民法典格式条款效力规范的解释》一文，就法律行为内容的评判提出个案审查比对的方法，是对个案判断方法的发展和改造。[①]

二、使用了自己不擅长的方法。当下中国，绝大多数法学论文的作者是文科出身，对于理工科的方法不大熟悉，但是一些人

---

① 参见李世刚：《法律行为内容评判的个案审查比对方法——兼谈民法典格式条款效力规范的解释》，《法学研究》2021 年第 5 期。

为标新立异，勉强自己去使用理工科的方法。由于没有坚实的理工科背景，加之没有长期的、专门的训练，他们运用这些方法时令人感到十分生硬、笨拙。因此，与其去使用自己不熟悉的方法，不如老老实实使用自己常用的方法。例如《民事诉讼证据失权制度的衰落与重建》一文，运用历史的方法、实证的方法、社会系统论的方法，来分析民事诉讼证据失权制度。其中，社会系统论的方法是作者非常熟悉的方法。①

当然，使用常用的方法并非不能实现方法创新。例如，如果将各种常用方法综合在一起，就如同将不同成分的化学药品按一定比例合成一样，照样能实现方法创新，从而发挥如同新方法一样的研究效果。

三、方法与论题不匹配。例如一个规范法学的论题，作者偏偏要选择社科法学的方法予以论证。反之，一个社科法学的论题，作者却要运用规范法学的方法予以论证。方法与论题南辕北辙，论证的效果也就可想而知。

始终要记住，适合论题的方法才是好方法。如果适合论题的方法不能产生高质量的论文，那么就要反思其他研究要素是否适合论题，而不是一味去找方法的问题。

四、一味追求理论创新的方法。如前所言，在当下中国，能

---

① 参见吴泽勇：《民事诉讼证据失权制度的衰落与重建》，《中国法学》2020 年第 3 期。

够实现理论创新的人，凤毛麟角，绝大多数作者只能安于理论运用之宿命。但是当下中国论文评价方却有一种不正确的认识，认为没有创新的论文不是合格的论文。这就逼得绝大多数没有创新能力的作者在论文写作时去刻意创新，途径之一就是提出所谓的"方法创新"。与此同时，大多数评价者所谓的方法创新就不得不降格为对研究对象适用了之前没人用过的方法，此种方法创新，无论如何都是对"创新"一词的亵渎。

虽然旧题新法是论文创新的重要途径，但是没有找到、也没有能力自创新法时，平心静气地运用常用的方法，或者把它们综合起来加以运用，照样能写出高创新度的论文。

思 考 题

1. 试述法学论文写作中预测方法的使用及其限度。

2. 试述法学论文理论创新的常用方法，并举一例。

3. 法学论文写作方法选择的基本要求有哪些？

4. 从《中国社会科学》近5年发表的法学论文中选择3—5篇，分别分析并归纳其采用的研究方法及创新内容。

第八讲

最好的论据是第一手材料

　　论据是论战的武器，是论文立论的基石。论据有其品格和属性，第一手材料是最好的论据。

论据是论战的武器，是论文立论的基石。如果说诉讼的唯一武器是证据的话，那么科学的唯一武器就是论据。[①] 没有坚实的证据，即使巧舌如簧也赢不了官司；没有论据，即使立论宏大，也无人相信。写过论文的人都知道，搜集、整理论据占去了论文写作的大部分时间。

第一节　定　义

论据是指用以论证论文中心观点的依据。它可以是逻辑、经验、定律、规律、定理、公理、原理、事理、法理、情理、价值等一切可以为学术共同体接受和信服的客观事物或者理论命题。从性质上看，论据可以分为事实性论据和理论性论据。前者如调查报告、统计数据、新闻报道、医学证明、司法裁判、政策法规，后者如定律、规律、定理、公理、原理、法理、学说、思想。

一些人将权威专家的学术观点甚至言论当作论据，似为不

---

① 　参见吴二持：《论胡适对治学方法与材料的深刻认识》，《学术界》1997 年第 2 期。

妥。①虽然业内专家对于某一证据的鉴定意见可以作为专家证言，但是法学论文毕竟不同于法庭审判，前者是以追求真理为宗旨目的，而后者是以解决纠纷为宗旨目的。追求真理是要盘根问底的，并且没有讨论时间上的限制，而解决纠纷则是息事宁人，并且还有辩论时间上的限制。"在这个世界上，还没有哪位学者的观点被钦定为'权威'，学术研究只向真理低头。"②专家意见不能取代经验事实、定理公理，更不能违反经验事实、定理公理。专家意见只能增强论证的说服力，充当辅助性论据的角色。

论据是论文的五个形式要件之一，也是论文四个实质要件得以成立的前提和基础，因此在法学论文写作中占有基础性地位。如果没有论据，法学论文写作就成为"无源之水，无本之木"。

与论据相近的第一个概念是"材料"。后者是指用来从事论文写作的素材和资料，可以是经验事实、调研报告、新闻报道、统计数据，也可以是涉及研究对象、领域的相关论著、教科书、报告、工具书、图片等文献。在当下的法学论文写作中，它往往被狭义地理解为作者需要收集和阅读的参考文献。

与论据相近的第二个概念是"资料"。后者是指可以用来进

---

① 参见高旺：《文科学生学位论文论证方法刍议》，《中国青年政治学院学报》2008 年第 2 期；张力：《法学论文写作》，高等教育出版社 2018 年版，第 125 页。

② 何海波：《法学论文写作》，北京大学出版社 2014 年版，第 153 页。

行论文写作的事实信息和理论信息，其表现形式可以是文字、音像、实物。从获取的方式看，资料可以分为一手资料和二手资料。前者是作者通过实证调研获取的与研究对象相关的知识、信息，后者是指他人收集、整理的与研究对象相关的知识、信息。

第二节　要　求

一个合格的论据应当符合客观性、相关性、全面性和整体性四个方面的基本要求，否则就不能作为法学论文的论据。

一、客观性

论据必须是真实存在的，而不是作者主观臆造的。其中，逻辑、定律、规律、定理、公理、原理、事理、情理、价值虽然看不见摸不着，但是它真实地存在于客观世界中，为学术共同体所普遍接受。经验事实、理论命题虽然并非绝对客观，但是它的相对客观性也为学术共同体所普遍承认。论据的客观性要求作者采取客观中立、价值无涉的立场，运用科学的方法和遵循严格的程序予以搜集，摒弃主观偏好，同时对论据尤其是经验事实的真伪予以认真的辨别。

二、相关性

论据必须与作者的研究对象、领域直接或者间接相关，不相关的论据不要去搜集。"在选择论据时，应注意其典型性、新颖性和说服力，而舍弃那些平淡无奇、可有可无者。"[1] 在相关论据非常多，可能无法在规定的时间内完成论文写作任务的情况下，可以只搜集直接相关的论据，舍弃间接相关的论据。当然，如果直接相关的论据也非常多，以至于无法按时完成写作任务，那么可以只搜集有代表性的典型论据。不过，此时就要考虑回过头来限缩论文研究对象的范围了。

确切地讲，论据与论题的相关性是指从该论据中可以推导、抽象出一个修正版的甚或全新的理论命题，或者推出的命题至少与理论问题相关。事实性论据可以是小到一个为常人视而不见的经验现象，但是它跟大理论之间存在内在的、必然的联系。作者要从小论据背后敏锐地发现一条连接大理论的红线。"科学研究的'正常秩序'是从小处着手的。在此同时，还必须从大处着眼。"[2]

一些论文写作教程将典型性作为论据的一个独立要求，[3] 其实并不必要。如上所述，论据的典型性从属于其相关性，它要求论据应当与题目、论点具有直接而非间接的、实质而非形式的相关性。

三、全面性

要尽可能全面地搜集与研究对象、领域相关的论据。为了保

---

[1]　高旺：《文科学生学位论文论证方法刍议》，《中国青年政治学院学报》2008 年第 2 期。

[2]　严中平：《关于选择研究题目》，《高教战线》1984 年第 12 期。

[3]　参见张力：《法学论文写作》，高等教育出版社 2018 年版，第 126—127 页。

证论据的全面性，克服样本的代表性困境，可以采取如下三种手段。

其一，全样本分析。在信息社会，应当积极运用物联网、大数据、云计算、人工智能等技术，对题涉领域的经验事实进行全样本搜集和总结。例如，《法学研究目标受众选择的大数据分析》一文就运用大数据机器学习分类结果，对近 20 年法学核心期刊上的论文进行全样本分析。[①] 当然，在可能相关的论据数量特别庞大的情况下，应当搜集典型性的论据，而不是事无巨细全部搜集。但是作者对于典型性论据与研究对象之间的代表关系，或者说典型论据的代表性应当有清醒的认识。"典型的代表性，取决于典型的目的性。"[②]"是否足够典型，应当根据是否能够达到研究目的来衡量。"[③] 也就是说，作者必须带着特定的理论问题去搜集代表研究对象之本质特征的论据。

其二，随机抽样。作者应当运用科学的方法、遵循严格的程序去搜集题涉领域的样本。"样本是否具有代表性，还要看抽样程序是否规范。"[④] 采用随机抽样就比非随机抽样得到的结果更具代表性。例如《逮捕社会危险性条件中犯罪嫌疑人逃跑风险评估

---

① 参见周翔、刘东亮：《法学研究目标受众选择的大数据分析》，《法学研究》2020 年第 1 期。

② 严中平：《关于选择研究题目》，《高教战线》1984 年第 12 期。

③ 何海波：《法学论文写作》，北京大学出版社 2014 年版，第 102 页。

④ 白建军：《大数据对法学研究的些许影响》，载《中外法学》编辑部：《经验与心得：法学论文指导与写作》，北京大学出版社 2017 年版，第 71 页。

研究》一文，运用随机抽样的方法对犯罪嫌疑人的逃跑风险进行评估。[①]

其三，搜集反面证据。要克服典型论据的代表性困境，就需要作者不仅要从正面搜集能够证实论点的论据，也要从反面搜集证明与论点相反的观点不成立的论据。也就是说，作者既要为立论准备论据，也要为驳论准备论据。同时，我们既要搜集能够证明论点成立的论据，也要搜集论点可能不成立的论据，以发现论文得出的结论生效的条件、作用的方式和功能的边界。

四、整体性

应当将论据置于它赖以存在的整体中，整体地理解它，而不能将它与整体割裂开来，部分地理解它。更不能为了证实自己的论点，而故意歪曲一个论据的真义。论据的整体性要求在法律解释中可以表达为体系解释，即要澄清某一个法律条文的意义，应将它置入所在的法律文本的意义脉络中。[②]

在以上四个要求中，客观性、相关性是对论据的根本要求，全面性和整体性是对论据的基本要求。不客观的论据是伪证，不相关的论据是乱证，不全面的论据是偏证，不具整体性的论据是臆证，它们都不是合格的论据。

---

① 参见张吉喜：《逮捕社会危险性条件中犯罪嫌疑人逃跑风险评估研究》，《中国法学》2023 年第 4 期。

② 参见杨仁寿：《法学方法论》，中国政法大学出版社 1999 年版，第 107 页。

第三节　来　源

了解本领域已达到的理论水平，掌握本领域所有的理论工具，是寻找论据的认识论前提，而且在一定程度上这本身就是在寻找理论性论据。如果不掌握本领域所有的理论工具，要么就出现满眼都是论据的现象，要么就出现发现不了论据的困惑。如果不善于搜集、甄别资料，法学论文写作也就无从谈起，至少难以有效展开。

从形式上看，法学论文的论据有如下四个方面的来源。

一、文献阅读

定律、规律、定理、公理、法理、学说、思想就主要来源于作者对学术论著的阅读，调查报告、统计数据、新闻报道、司法裁判、政策法规就主要来源于对非学术文献的阅读。例如就司法裁判而言，可以通过"中国裁判文书网""人民法院案例库"查询。政策法规可以通过"国家法律法规数据库""北大法宝"等查询。当然，相反的情况也是存在的，即通过阅读非学术文献，作者也可以发现定律、规律、定理、公理；[1] 通过阅读学术论著，作者同样可以获取统计数据。[2] 通过文献阅读获得论据是作者获得论

---

① 例如周永坤：《跌宕起伏的中国宪政研究六十年——以〈人民日报〉载文为主线的叙述与思考》，《法商研究》2010 年第 1 期。

② 例如何海波：《法学论文写作》，北京大学出版社 2014 年版，第 101—102 页。

据的常规的、成本较低的途径。

对于法史论文的写作，文献阅读可能是获取论据最重要的方式。对于法史类论据之来源鉴别，应当注意以下三个方面：第一，来源应当具有权威性。一般假定，正史比野史、认同度高的比认同度低的史料更权威，但是有相反证据的除外。迷信正史和学界共识也是不对的。法史论文要取得突破性成果，在一定意义上就是要挑战权威，挑战共识。第二，要素应当完备。比如法史论据发生的时间、地点、经过、结果、人物。第三，应当能有多件法史论据相互支持、印证，避免采用孤证作为法史类论据。例如《中华法律文化之起源考》一文，试图从最近一百年的考古出土遗存和文献中发现中华法律文化起源的过程和场景。①

统计数据是以数字说话，相比语言来说似有更强的客观性和说服力。可能正是看到这一点，《中国应用法学》专门开辟了实证研究专栏，用以发表以实证和统计数据为主的法学论文。现在数据库都有专门的统计数据平台，可以十分方便地获取各行业、地域、年度等方面的统计数据。但是我们必须注意以下五点：第一，要选择权威部门、机构和个人的统计数据；第二，要选择第一手的、准确的、真实的统计数据；第

---

① 参见魏琼：《中华法律文化之起源考》，《中国法学》2024年第2期。

三，要选择与论点直接相关的统计数据；第四，要确定有说服力的、合理的和便于检验的统计标准；[1] 第五，统计陈述不等于概率陈述。[2]

二、学术交流

那些难以甚或无法体现在文献中的理论性论据也可以通过与师生、同事、同行的学术交流获得。由于学说、思想的产生与其载体之学术论著的发表出版之间存在一定的时差，所以为了获得本领域最新的理论性论据，作者应当经常地、定期地参加同行之间的学术交流。同时，各级社科院及其法学所、社科联、法学会也应当积极为法学工作者定期提供理论交流的场地、经费和服务。线上会议也为法学研究生和青年法学工作者提供了一个获取最新理论性论据的成本低、效率高的途径。

当然，相比于面对面的线下交流，虚拟空间中的线上交流也有其不足之处。例如后者较难在与会者之间建立足够的人际信任，与会者难以通过面部表情和肢体动作发现对方对于提交会议的观点的真实看法，与会者之间难以建立起一种促进学术共识之达成的物理意义上的会议情境，与会者无法在会后交流许多在正式会议上不便于分享的学术信息。

---

[1]　参见何海波：《法学论文写作》，北京大学出版社 2014 年版，第 105 页。

[2]　参见尹海洁：《证伪：社会科学研究的可能与必然——兼与张杨商榷》，《社会》2009 年第 4 期。

三、实证调研

"纸上得来终觉浅，绝知此事要躬行。"[1] 实践论据在证明力上要强于文字论据。要想获得第一手的事实性论据，实证调研是一条最重要的途径。作者可以在文献阅读中发现理论与实践之间的鸿沟后，带着问题去从事实证调研，收集与自己提出的理论假设直接或者间接相关的事实性论据。这就是为什么古人要提出读万卷书，还要行万里路的为学之道。但是，实证调研要注意以下四点：一是要提前设计好详细周密的调研方案。在一定程度上，方案的科学性、严密性决定调研数据及结果的可靠性。二是要遵循科学的调研程序。严格的调研程序才能使获取的经验事实具有代表性、典型性。三是最好进行大样本甚至是全样本调研，即应尽可能全面地收集题涉领域的经验事实。四是要使获取的经验事实具有可追溯性，即同行可以按照同样的方案，遵循同样的程序，运用同样的方法，得到相同或者至少类似的结果。

作者可以对一个将要或者正在发生的事件进行跟踪式调研，或者对已经结束的事件进行回溯式调研，以展现该事件的发生、发展、结果、人物和其中的因果关系。此种实证调研可以称为个案调研，通常要使用社会学上的深描方法，以证实或证伪某个理论假说。个案调研要注意以下四点：其一，要站在客观中立的

---

① （南宋）陆游：《冬夜读书示子聿》，载肖淑琛：《偶遇最美古诗词》，东北师范大学出版社 2015 年版，第 212 页。

立场上描述事件发生的经过，最好不要以参与人的身份调研。其二，个案要与论点直接相关，对比个案要与对立的论点直接相关。其三，要选择典型的、有代表性的个案，同时采取点面结合的方法，寻找一定数量的类案以佐证从该典型个案抽绎出的结论。其四，要注意寻找与论点之反面直接相关的个案，也就是说，要寻找可能证伪论点、发现论点生效的条件、作用的方式和功能的边界的个案。"反例的出现有助于人们进一步思考：是创新理论，还是完善理论，还是给理论划出更准确的适用范围。"①在科学研究中，随着旧理论例外的积累，一个新理论往往也就呼之欲出了。

四、内心感悟

对于那些精神体验性论据（从属于事实性论据），例如情感、价值可以通过内心感悟获得。内心感悟作为事实性论据的有效性在于如下假定：人性是普遍的，同时又是个体化的。②通过作者本人的内心感悟获得事实性论据的途径往往为人们所忽视。其实，有关违反人类共通的直觉正义、朴素情感之法律实践的论文，诉诸的事实性论据很大一部分就可以来自作者的内心感悟。诸如直觉、顿悟、内省、反思、移情都属于内心感悟之类的方

---

① 尹海洁：《证伪：社会科学研究的可能与必然——兼与张杨商榷》，《社会》2009 年第 4 期。

② 参见林旺、曹志平：《社会现象客观性的实证主义论证及实践》，《科学技术哲学研究》2021 年第 3 期。

法，通过它们可以获取物理方法不能获取的论据。

在上述四个来源中，实证调研是论据最可靠的、最好的来源，文献阅读和内心感悟是论据最便捷的来源，学术交流是最容易被忽视的论据的重要来源。当然，论据的寻找是一个长期的、中间可能有间断的过程。通常而言，作者难以在掌握所有的论据后才开展研究。从研究程序上看，一般是找到数个论据，从中总结、归纳和提炼出一个理论命题，然后再寻找其他论据，看这些论据能否支持该命题以及支持与否的程度。因此，在法学论文的写作中，一定要抑制掌握所有论据才开展研究的冲动。

第四节　常见问题

在论据的搜集、选择上，常见的问题有无中生有、以偏概全、"拉大旗作虎皮"、欲穷尽一切论据和断章取义等五种。

一、无中生有

作者伪造论据，属于学术不端行为。常见的是伪造调查报告、统计数据，当然，变造、篡改调查报告、统计数据也属于伪造。

二、以偏概全

作者只获取了部分论据，却以为获得了全部论据，虽然不属于伪造论据，但是显然属于以偏概全。同时，在没检索外国相关论据的情况下，声称已穷尽中外所有论据，也属于以偏概全。

三、"拉大旗作虎皮"

选择经典作家、权威作者、权威期刊的，与研究对象相关度很低甚至无关的论据，试图增强论据的可信度和权威性。其实，经典、权威作者的论据只有加强论证的作用，除了在研究该作者的思想史时，其本身不能作为主论据使用。仅凭所谓"权威论据"就得出结论的做法，属于一种"盲信权威"的非理性论证，不是一种主体间的理性论证。

四、欲穷尽一切论据

这是许多作者在开始写论文时的一种莫名冲动，也是许多指导老师对学生、编辑对作者的一个不乏善意的告诫，但实践总是给他们以无情的教训，即他们不可能穷尽一切论据，哪怕是事实性论据，尤其是在这个信息爆炸的时代。其实，作者不必穷尽一切论据，也可以使论据翔实，论证充分。作者可以在获得几个事实性论据时就可以提出一个理论假设，然后继续寻找其他论据对之从正面予以证实或者从反面予以证伪。

五、断章取义

论据往往要置入其原来生发的背景、环境中，才能显现出它本来的意义，脱离了它依赖的背景、环境，它显现的意义要么就是不确定的，要么就是歪曲的。在论文写作中，一些作者习惯于"寻章摘句"，懒于去阅读论据所在的全文甚至上下文，以至于经常出现断章取义的现象。一些作者甚至还有意歪曲论据作者的原意，以制造证实自己论点的假象。

在以上五种问题中，无中生有、"拉大旗作虎皮"属于两种性质比较恶劣的搜集、选择论据的不当行为，以偏概全和断章取义则是属于一种情节比较轻微的搜集、选择论据的不当行为，而欲穷尽一切论据则是一种方法不当的搜集、选择论据的愚蠢行为。

思　考　题

1. 试述一个合格论据的基本要求。

2. 法学论文论据的基本来源有哪些？

3. 为什么说一手材料是最好的论据？

4. 从《中国应用法学》《法律适用》《中国法律评论》这三本法学期刊中选取 3—5 篇实证研究论文，分析其论据类型、论据来源。

第九讲

论证不仅仅是证明你的论点成立

论证是论文的核心要件。论题、论点可以相同，但论证不可能相同。论证既有正面证成，更有反面证伪，如此才是充足的论证。

　　论题、论点、研究思路和论证是法学论文的四大实质要件，而论证则是其核心要件。两篇论文的论题、论点和研究思路可以相同，但论证则绝不可能相同。因此，相对于论题、论点和研究思路，论证是鉴定一篇论文作者归属和原创性的最重要的实质要件。

第一节　定　义

　　论证就是运用特定的方法，组织论据，证实或者证伪论点的行为和过程。一些论文写作教程只注意或者片面强调论证的证成维度，是失之偏颇的。[①] 可见，论证包含了如下三个重要要素，即方法、论据、证实或者证伪。这里所说的方法不是抽象的、方法教科书上所称的方法，而是经过作者改造的、适合于论题的、具体的方法，正因如此，前文才称论文能否作出创新，从根本上取决于作者运用的方法。而且，即便是作者在论文中的证实或者证伪，也渗透了经过他改造的方法。这里所说的论据也是作者经

---

① 参见张力：《法学论文写作》，高等教育出版社 2018 年版，第 113 页。

过苦心孤诣，花费了一定时间和精力搜集整理的各种论据，因此也必然渗透了他独特的价值取向、思考方向和人生阅历。也正因如此，论据也是知识产权保护的对象。①就是在对论点的证明过程中，也可以有不同的证明方向、手法和路径。

正是看到论证的上述个体特性，人们才断言，"由于各自学术背景、资料来源、思维路径、表达习惯等的差异，每位学者在通过媒体介质展示自己学术见解时，一定会或多或少体现出带有个性化色彩的特征"②。"法学研究从观点、方法、材料到文字，基本上是一种个人化的研究，是别人很难替代的。"③论文是个人带有人身、人格特征的产物，是由论证的本质和特征决定了的。

从方向上看，论证可以分为正面证成与反面证伪，即立论与驳论，或者直接论证与间接论证。立论是指从正面直接证明自己的论点成立，驳论是指从反面证明与自己论点相反的观点不成立，从而间接证明自己的观点成立。④在法学论文写作中，立论为人们所常用，而驳论也不少见。例如《法律人思维与法律观点》一文先是驳论，然后是立论。又如《论破产程序中企业数据财产的处理》一文通过分析《企业破产法》第 30 条等相关条款，论

① 参见山东省威海市中级人民法院〔2011〕威民三初字第 117 号民事判决书。
② 李响：《论学术见解享有著作权保护的理由》，《安徽大学学报（哲学社会科学版）》2014 年第 4 期。
③ 何海波：《法学论文写作》，北京大学出版社 2014 年版，第 319 页。
④ 参见李可：《法学学术规范与方法论研究》，东南大学出版社 2016 年版，第 83 页。

证了企业数据可作为破产财产。作者解释道，《企业破产法》第30条为将企业数据纳入破产财产范围提供了法律依据，并指出破产管理人在履行调查和管理债务人财产的职责时，应包括对企业数据的管理和处置，这进一步确立了企业数据作为破产财产的合法性和合理性。同时，作者反驳了数据不能作为破产财产的观点，指出尽管《民法典》第127条未明确数据的财产权利，但其内涵暗示了数据具有财产属性的可能性。作者通过法律条文及对其的解释，论证了数据可作为破产财产的合理性。此外，通过引用国外案例，进一步证明其他国家在破产程序中也将数据作为财产处理，强化了这一观点的合理性和可行性。① 在学术论战中，攻击方通常使用立论，而辩护方则使用驳论。一篇法学论文，不仅要证明论点成立，还必须证明论点的反面不成立，立论与驳论都不可或缺，而且，驳论更能呈现论证的深度和力度。而不是像一些人认为的那样只需立论或者驳论，甚至将法学论文分为立论文和驳论文。②

就具体方法而言，无论是立论还是驳论，都可以使用例证法、引证法。归纳法、演绎法、类比法等常规的逻辑方法和因果分析法、对比法等社会科学方法，常为立论所采用，而归谬法、

---

① 分别参见陈景辉：《法律人思维与法律观点》，《中国法学》2024 年第 2 期；赵精武：《论破产程序中企业数据财产的处理》，《中国法学》2024 年第 3 期。

② 参见张力：《法学论文写作》，高等教育出版社 2018 年版，第 7、127—128 页。

反证法等逻辑方法则常为驳论所采用。可见，经验事实、逻辑法则是论证诉诸的基本方法。

要从反面证明与自己相反的观点不成立，可以直接从该观点入手，也可以从支撑该观点的论据入手，还可以从证明该观点的论证思路、方式错误入手。一些论文写作教程提出的归谬法、指出对方存在循环论证和偷换概念等情形，[①] 其实是从证明该观点的论证思路、方式错误入手。

在论证理论上，角度与方向几乎同义，与方法近义。"论证角度不同，所采用的研究方法不同，所得出的结论也会有所不同。"[②] 论著与教科书、工具书的写作不同，前者往往只能从一个角度或方向，运用具体的方法，组织论据论证一个极小的问题，或者该问题的一个极小的方面。例如，《党内法规的概念分析》一文提出从新的角度来确定党内法规的概念。"笔者提出诠释性概念这一新的进路，以如何诠释党内法规的价值原则才能为党内法规实践提供最佳证立为标准，来确定党内法规概念的内涵。"[③]

第二节 要　求

一个好的论证通常应符合充分性、逻辑性、客观性、专业性

---

① 参见张力：《法学论文写作》，高等教育出版社 2018 年版，第 131 页。
② 高旺：《文科学生学位论文论证方法刍议》，《中国青年政治学院学报》2008 年第 2 期；张力：《法学论文写作》，高等教育出版社 2018 年版，第 12 页。
③ 朱林方：《党内法规的概念分析》，《中国法学》2024 年第 3 期。

等四点要求或者标准。

一、充分性

通过论证，使学术共同体确信论据与论点之间存在逻辑上的必然联系。例如，《认罪认罚从宽适用常态化之实效检验》一文，通过对比 2018 年《刑事诉讼法》修改前后认罪认罚从宽制度的适用情况，明确指出该制度在刑事诉讼中的重要性已显著提升。实证研究验证了官方数据，证明该制度在修改后适用率稳居85%以上，从而增强了读者对其提升司法效率的信服度。[①] 对于法学论文来说，论据与论点之间应当尽可能地存在社会科学上的因果关系，并努力上升到因果律的高度。论点缺乏因果律的支持，一直以来是当代中国法学论文的痼疾。[②] 当然，"学术研究中探寻因果关系的目的，是获得对我们的研究目的而言有意义的、真实的联系"[③]。

为了达成论证的充分性，作者必须注意以下四个方面：第一，投入大量的时间精力；第二，找到并运用适合论题的方法；第三，组织丰富的论据；第四，从一个角度或方面详细地证成或证伪论点。

---

① 参见吴雨豪：《认罪认罚从宽适用常态化之实效检验》，《中国法学》2024 年第 3 期。
② 参见魏振瀛：《怎样写民法学论文》，载《中外法学》编辑部：《经验与心得：法学论文指导与写作》，北京大学出版社 2017 年版，第 123 页。
③ 何海波：《法学论文写作》，北京大学出版社 2014 年版，第 127 页。

二、逻辑性

论点应当在逻辑上做到周延，例如全称命题的主项周延，特称命题的主项不周延；肯定命题的谓项不周延，否定命题的谓项周延。例如《认罪认罚从宽适用常态化之实效检验》一文，在探讨认罪认罚从宽制度对司法效率的影响时，运用倾向得分匹配方法，比较认罪与不认罪案件的处理时长，得出该制度显著提升了司法效率的结论。论证过程逻辑严谨，有效避免了遗漏变量带来的偏差，确保了论点在逻辑上的周延性和准确性。[①] 论点应当前后一致，不可为了达到形式上的论证充分性，而在行文中转换、偷换论点，从而违反逻辑上的同一律。

"论证是逻辑地呈现论据并推导出意图结论的思维过程。"[②] 逻辑性是论证及科学最基本的要求。在论文写作中，逻辑性与系统性、体系性往往同义。这里的逻辑是广义上的，既包括演绎、归纳、类比等形式逻辑，也包括价值判断、经验法则、利益衡量等实质逻辑。

三、客观性

论证所使用的论据是客观真实的经验事实，或者是已被充分证明的理论命题。定律、规律、定理、公理、原理、法理必须没有被推翻，法律、法规、鉴定结论、司法裁判必须没有被废除、

---

① 参见吴雨豪：《认罪认罚从宽适用常态化之实效检验》，《中国法学》2024 年第 3 期。
② 支运波：《人文社会科学研究中的文献综述撰写》，《理论月刊》2015 年第 3 期。

修改或者推翻，调查报告、统计数据、新闻报道必须没有虚假成分。例如，《论破产程序中企业数据财产的处理》一文在论证企业数据作为破产财产时，引用《企业破产法》第 30 条和《民法典》第 127 条的条文，以及国外实际案例，确保论据的客观性和真实性。①

论证的客观性要求意味着，同行可以借助相同论据，运用相同的方法，循着作者的论证思路，得出相同或者至少类似的结论。因此，论证的客观性又称为可复现性，也是某一特定论文和学科科学性的本质体现。论证的逻辑性要求则是其客观性、可复现性的一个重要保障和条件。

四、专业性

论证必须使用专业术语，即"行话"，只有这样的论证才能为学术共同体所理解和接受，并接入学术脉络之中。例如有人用道家经典上的术语从事法学论著写作，就难以甚或根本无法为法学共同体所理解和接受，自然也就无人能够与之展开学术对话与交流。用"行话"进行论证，也才能保证"以最少的文字表达最多的信息"这一写作目的，当然也就能节约稀缺的期刊版面。

论证的专业性是排斥非理性的煽情、居高临下的指责的。论

---

① 参见赵精武：《论破产程序中企业数据财产的处理》，《中国法学》2024 年第 3 期。

证应使用理性的、逻辑的、客观的方式及语言。"学术论文的基调应当是平和、直白的。"[1]

这里其实涉及一个论证必须预设特定的读者或者受众的问题。有人提出，法学论文的目的是说服人，它指向的对象有同行、律师、法官、执法者和公众，因此作者要"看人说话"，以形成"有效的交流"。"为了说服非法律人受众，这时的法学写作甚至应避免或尽可能少用法言法语。"[2]不过，在当下中国，法学论文要发挥作用产生效果，最基本的前提是必须发表，无发表则无效果。而要发表，则必须依次通过编辑初审、同行专家外审和编务会同意，因此专业性仍是一个好的论证的基本要求。

以上四点要求中，充分性、逻辑性和客观性是对论证的基本要求，专业性是对论证的重要要求。

第三节 模 式

法学论文的论证可以遵循"从具体到抽象，从个别到一般"，"从归纳到演绎，从经验到理论"，"从知识到假设，从假设到证伪"，"从小理论到大理论"四种模式。

一、从具体到抽象，从个别到一般。需要先对作为"具体"

---

[1] 何海波：《法学论文写作》，北京大学出版社 2014 年版，第 265 页。
[2] 朱苏力：《只是与写作相关》，载《中外法学》编辑部：《经验与心得：法学论文指导与写作》，北京大学出版社 2017 年版，第 13 页。

的经验事实进行客观描述，从中总结出作为"抽象"的理论命题，然后运用其他经验事实对该命题进行证实或者证伪，最后形成经过修正的、最终的理论命题。这就是我们经常谈到的"从具体到抽象"的论证模式，也可以称为论文写作的"上行法"。此种论证模式其实包含如下两个认识阶段，即感性认识阶段和理性认识阶段。在前一阶段中，作者需要运用感官和经验知识去捕捉、识别作为"具体"的经验事实；在后一阶段中，作者需要从经验事实中概括出作为"抽象"的理论命理。从经验事实中概括出理论命题，需要借助直觉、顿悟、灵感，经历"惊险的跳跃"。例如，《论唐代无主物法律制度》一文先列举了各种无主物先占制度，然后从中总结出这些制度的价值取向，并将之上升为民事立法的中国经验。①

二、从归纳到演绎，从经验到理论。需要从经验事实中归纳出一个理论假说，然后将之演绎成若干理论命题，使之接受其他经验事实的证实或者证伪。这就是"先归纳后演绎"的论证模式，也可称为论文写作的"几形法"。例如《从竞争看引证——对当代中国法学论文引证外部学科知识的调查分析》一文，基于一定的经验观察提出引证竞争假说，将之分解为若干命题，然后运用一定时期两本期刊法学论文的引证情况对它们予以检验，最

① 参见顾元：《论唐代无主物法律制度》，《中国法学》2020 年第 3 期。

后得出若干结论。① 在 19 世纪 20 年代以前，它主要采取的是证实主义模式，之后它受到"休谟问题"的困扰，并在百年后演变成证伪主义模式。前者采取肯定"假设前提"的沉降法，而后者采取"否定结果"的浮升法。② 在 21 世纪初，学者又提出了"归纳←→否证"的综合模式。③

归纳分为完全归纳和不完全归纳，如果是完全归纳，那么从经验事实中得出的结论是全称命题，不需要再演绎成若干理论命题，因而也就没有接受证伪的必要；如果是不完全归纳，从经验事实中获得的结论是概率命题，才需要再演绎成若干理论命题，接受其他经验事实的验证。

三、从知识到假设，从假设到证伪。"科学理论发端于这样一个假设：自然界，还有人类活动创造出来的社会世界，具有某些基本和基础的属性与特征，可以用来解释具体环境下事件的消长。"④ 理论行程是利用从经验事实中概括的知识作为基本认识，进行大胆假设开始的，换言之，是从对现实问题的假设性回答开始的，是对表面上不一致的经验事实背后一致性规律的探寻。论

---

① 参见成凡：《从竞争看引证——对当代中国法学论文引证外部学科知识的调查分析》，《中国社会科学》2005 年第 2 期。

② 参见 [英] 马克·布劳格：《经济学方法论》，黎明星、陈一民、季勇译，北京大学出版社 1990 年版，第 17 页。

③ 参见李可：《法学方法论》，贵州人民出版社 2003 年版，第 128 页。

④ [美] 乔纳森·H. 特纳：《社会学理论的结构》（第 7 版），邱泽奇、张茂元等译，华夏出版社 2006 年版，第 1—2 页。

证的模式是提出假说和证伪假说的过程，而不是单纯归纳、抽象的过程。后者将概然率当规律，是一种建立在心理主义基础上的先验论。"为了确定我们是否得到了名副其实的理论，我们必须提出这样一个关键问题：怎样才能证伪这一理论？"[1] 例如《评法权宪法论之法理基础》一文，形式上是对法权宪法理论的证伪，实质上是对该理论的完善。[2]

四、从小理论到大理论。如果我们将从数量有限的经验事实中抽象出的理论称为"小理论"的话，那么如何将它发展成为"大理论"，从而作出更大的理论贡献，对于一个拥有理论雄心的作者来说，就非常重要。将小理论发展成大理论的途径有如下两条：第一条是，运用其他时空和社会条件下的经验事实对该理论予以证伪，从而确定它生效的条件、作用的方式和功能的边界。通常，证伪的手法将拓展该理论的边界，从而使之有可能发展成为大理论。如人们所指出的：当我们做这样的检验时，"如果发现它没有被证伪，仍然具有解释力度，那么这个理论的限界条件被放宽，理论的普适度增加"[3]。第二条是，将它跟已有的大理论勾连起来，看它能否对后者构成修正、挑战甚至是颠覆，如果它

---

① ［美］罗伯特·K.默顿：《社会理论和社会结构》，唐少杰、齐心等译，译林出版社 2015 年版，第 717 页。

② 参见秦前红：《评法权宪法论之法理基础》，《法学研究》2002 年第 1 期。

③ 尹海洁：《证伪：社会科学研究的可能与必然——兼与张杨商榷》，《社会》2009 年第 4 期。

能颠覆后者，那么它在颠覆的过程中也就发展成了大理论。也就是将它"引用到其他更多的现实和领域中去，从而使该项理论具有更大、更为普遍的解释力"①。人们经常告诫的，"从小处入手，大处着眼"，大概就是这个意思。例如《讼师在明清时期的评价及解析》一文通过官府与民众对讼师的两极评价，以小见大，将之投射到息讼与健讼及对和谐社会追求等更大的议题上。②

　　无论是上述何种论证模式，经验观察、直觉洞见与抽象、演绎之间设立假说的环节是不可或缺、最重要的。例如，"从具体到抽象"的论证模式和"先归纳后演绎"的论证模式必须从已有理论解释不了或者解释起来相互冲突的经验事实中提炼出一个理论假说。同时，上述任何一种论证模式都需要在经验事实与假说之间，抑或感性认识与理性认识之间经历"惊险的跳跃"，不得不运用"非逻辑化的猜测"。因此，就像贝弗里奇所指出的那样，现代科学方法论的步骤如下："（1）问题的识别和表述；（2）有关资料的搜集；（3）用归纳得到假说，指明资料中的因果关系或重要模式；（4）从假说中作出演绎，并用实验或搜集更多的资料来检验演绎结论的正确性；（5）推理：若所得结果与演绎一致，则假说得到加强，但还不是被证明。"③ 如果说（1）—（3）是论证

---

① 　陈瑞华：《论法学研究方法》，法律出版社 2017 年版，第 186—187 页。
② 　参见李栋：《讼师在明清时期的评价及解析》，《中国法学》2013 年第 2 期。
③ 　[英] W.I.B. 贝弗里奇：《发现的种子——〈科学研究的艺术〉（续编）》，金吾伦、李亚东译，科学出版社 1987 年版，第 77 页。

前的准备工作的话，那么（4）是论证的核心，（5）则是对论证结果的反思。

第四节　设　计

一个好的论证是精心设计出来的，可以通过以下五种方法设计自己的论证，以使之近乎完美。

一、使方法适应论证对象

对于一个题目，要选择适合的角度、方法予以论证。选好角度、方法后，就要围绕它搜集整理论据，提炼自己的论证方法。也就是说，作者必须把方法改造得适合论题，甚至形成适合该论题的、独特的方法。例如，运用比较法证实或者证伪论点，要根据论题的性质在叙述的比较法、评价的比较法和沿革的比较法之间作出选择。

对于法学青年学者和博士研究生，选择合适的方法，并非难事，但是改造方法，通常并非易事。如没有改造的能力，不要勉强去尝试。

二、不要回避不利论据

作者要围绕论点，选择方法，组织论据予以论证。一些"老到"的导师告诫初入师门的学生，那些不利于证实自己论点的论据要有意避开或者删除。显然，此种只选择对自己论点有利的论据的做法，是不对的。正确的做法是，将它们作为证伪论点，并划定论点生效的消极条件、作用的方式和功能的边界的论据。"就法学或法律问题研究而言，我更赞同多站在自己的对立面来审视和质疑自己的道理、根据、证据和理由。"①

不回避不利论据，作者要克服的不仅是利己的心理障碍，而且还有习惯于证实的传统思维惯性。

三、清晰是最大的美德

同时，论文最大的美德是清晰，其不仅指论文的内在结构、作者的论证思路要清晰，而且更指论证要有详有略，论据有主有次，让读者一见即知作者论证的重心所在。不要写那种四平八稳、面面俱到、头和躯干及四肢一般大的论文，也不要试图去寻找现象发生的所有原因。对于法学论文而言，在导致特定法律现象发生的原因中，有意义的永远是那些可以通过采取法律措施予以改变的原因。"在法律世界里，我们关心的是秩序的维护和改进：某个现象为何出现？谁应当承担责任？某个制度为何失效？"②

要使论证清晰，作者首先头脑中有一个同样清晰的论证思路，其次在撰写时要始终注意突出重点，最后在修改时要忍痛删除那些臃肿的部分。

---

① 朱苏力：《只是与写作相关》，载《中外法学》编辑部：《经验与心得：法学论文指导与写作》，北京大学出版社 2017 年版，第 5 页。
② 何海波：《法学论文写作》，北京大学出版社 2014 年版，第 128 页。

四、要注意文采

"文章除了言之有物，还必须讲究修辞、注意结构，让它读起来有声有色。"[1] 论文也是文章，是文章就要注意论证的文采，要着力抓住读者的心，让读者的心灵随着论文的节奏、情感起舞。也就是说，论文像乐曲一样，至少要有序曲、主体、高潮和尾声四个部分，不要把论文写成干巴巴的一条筋。"学位论文的文字是否准确，行文是否流畅，有没有文采，即文章写得好不好，也是评审专家和答辩委员会成员判断学位论文水准的一项标准。"[2]

五、不要喧宾夺主

如果论文的篇幅很短，或者结构简单，那么它只需有一个论点，作者围绕该论点，选择方法，组织论据论证即可。如果论文的篇幅很长，或者结构复杂，那么它可能需要在一个主论点之下拆解出若干分论点。但是要注意这些分论点之间不要相互矛盾，也不能喧宾夺主，冲淡主论点的主旋律地位，更不要挖主论点的"墙脚"。人们有时会发现，一些作者给某一个分论点分配的论证资源、篇幅畸多，导致从主论点分叉出去的分论点"枝干"甚至粗于主论点这一"树干"。

---

[1] 何海波：《法学论文写作》，北京大学出版社 2014 年版，第 265 页。
[2] 梁慧星：《法学学位论文写作方法》（第 3 版），法律出版社 2017 年版，第 11 页。

第五节　常见问题

在论证过程中，作者比较容易犯的错误或者出现的问题有如下十个。①

一、单向论证，即只证实不证伪。由于任何命题都包含生效的条件、作用的方式和功能的边界，所以任何论证都包括两个相辅相成、有机联系的方面，即证实与证伪。但是受传统方法论、论文写作模式和利己思维的影响，作者往往只一味寻找对自己论点有利的证据，而忽视对其不利的证据，只求证实自己的论点，而忽视了对自己论点的证伪。"一些人写文章，没有和人对话的意识，不去想人家可能会有质疑和辩驳，自己需要做哪些回应。""有些作者愿意引用一些'权威观点'来论证自己，对于与自己不同的意见往往视而不见。"②对于此种论证，我们称之为单向论证，或者论证中的单边主义。它"只想着为自己提气鼓劲，想着自己多么占理"③。此种论证，在实践中必然趋于失败，即说服不了编辑和同行。

二、试图发现所有原因。在当前中国法学界，法学工作者大

---

① 以下六至九参见章奇：《社会科学中的因果关系及其分析方法》，《浙江社会科学》2008 年第 3 期。

② 何海波：《法学论文写作》，北京大学出版社 2014 年版，第 111、231 页。

③ 朱苏力：《只是与写作相关》，载《中外法学》编辑部：《经验与心得：法学论文指导与写作》，北京大学出版社 2017 年版，第 7 页。

都有试图发现法律现象发生的所有原因的冲动和行动，而那种尝试仅发现某一可以通过采取法律措施予以改变的原因的行为，反而被指为片面、偏颇和独断。其实，"一篇文章能够把一个原因讲清楚，就不容易了"。[①]

三、混淆必要原因和充分原因。"为了证明 A 是 B 发生的原因，我们必须证明没有 A 就不会有 B。"[②] 显然，这混淆了必要原因和充分原因。必要原因是指 X 是 Y 发生的前提，如果 X 不存在，那么 Y 就不存在。充分原因是指 X 发生，Y 必然发生，但是 Y 的发生，就不必然是由 X 导致的。混淆了上述两种原因类型，将对导致某一法律现象发生的原因作出不正确的分析。

四、混淆逻辑因果关系和统计因果关系。前者是通过逻辑演绎建立的事物之间的因果关系，后者是通过统计分析发现的事物之间的因果关系；前者是一种简单的、理论上的因果关系，后者是一种复杂的、经验中的因果关系。混淆了上述两种因果关系，就易于将法律现象发生的原因简单化、理论化。

五、混淆外生变量 X 与内生变量 Y。前者是导致结果的最终原因，其变化会影响其他变量；后者是导致结果的中间原因，其是其他变量影响的结果。混淆上述两种变量，就可能错过对法律现象发生的终极原因的探求，进而难以提炼出有理论高度的概

[①] 何海波：《法学论文写作》，北京大学出版社 2014 年版，第 129 页。

[②] 何海波：《法学论文写作》，北京大学出版社 2014 年版，第 132 页。

念、范畴和命题。

六、混淆确定性因果关系与非确定性因果关系。有许多变量可以被看作是近似必要或充分原因，或者都对结果具有一定作用，但也不是必要或充分条件。混淆了上述两种原因类型，将对某一法律现象发生的原因作出简单化处理。

七、混淆唯一充分原因与组合式非唯一充分原因。例如，A1 和 A2 分别是 A 的必要而非充分原因，B1 和 B2 分别是 B 的必要而非充分原因，A、B 分别是 C 的非唯一充分原因。这是一个多重路径的因果关系模型。将组合式非唯一充分原因误认为唯一充分原因，也就将因果分析简单化。

八、混淆直接原因与间接原因。直接原因是指 Y 是 X 直接导致的，间接原因是指 Y 是 Z 经过 X 导致的，Z 是 Y 的间接原因。在分析法律现象发生的原因时，应当先分析直接原因，后分析间接原因，而且不能够混淆上述两种原因类型。

九、混淆单向因果关系与双向因果关系。X 是 Y 的原因，现在成了 Y 的结果。忽视双向因果关系的存在，将使探寻法律现象之原因的工作简单化，忽视法律现象在发展过程中的多重面向。

十、混淆发现的逻辑与求证的逻辑。一些作者将科学发现及对它的证实或者证伪混淆在一起，从而犯了"穆勒谬误"①。如前

---

① ［英］马克·布劳格：《经济学方法论》，黎明星、陈一民、季勇译，北京大学出版社 1990 年版，第 79 页。

述贝弗里奇所指出的，指明经验事实中的因果关系仅是发现的过程，其后用实验或者其他经验事实检验从假说中演绎出来的结论，才是求证的过程。而且求证不仅是求被证实，更是求不被"证虚"。

对法律现象生成原因的探讨进而将其上升到因果律的高度，是法学论文叙述的重心，因此在论证过程中，作者易犯的错误也就多集中在这一部分。

思 考 题

1. 试述论证的基本要求。

2. 为什么正面证成和反面证伪都不可或缺？试举一例说明这两种论证方式如何互补，共同构成充足的论证。

3. 法学论文有哪几种论证模式？

4. 可以运用哪几种方法优化论证？

第 十 讲

摘要是作者核心观点的
浓缩表达

摘要是编辑和外审专家了解论文的便捷"窗口"，是一篇微型学术论文，更是作者核心观点的浓缩表达。

摘要虽然不是论文的必要要件，但是它对于简明扼要地反映论文的主要内容或者中心思想，作用不可小觑。同时，它也是编辑、外审专家和读者迅速了解论文质量，或者决定是否送审、采纳论文，或者继续阅读下去的便捷窗口，是编制论文索引的重要依据。

第一节　定　义

摘要又称"提要""概要"，有时被表述为"内容摘要""内容提要""主要内容"，[①] 是指从论文中摘录的、连接其论证脉络、体现其主要内容和中心思想的要点。摘要反映了论文的主要论点、论证方式和最终结论，方便编辑、同行迅速了解论文的主要内容和中心思想。

在 21 世纪以前，国内大多数期刊并不要求有摘要。进入 21 世纪以来，摘要（包括外文摘要）逐渐成为国内绝大多数期刊论

---

① 　一些期刊严格区分摘要和提要，认为前者是对论文观点的摘取，句子之间并不要求有明显的逻辑关系；后者是论文内容的浓缩，能自成一篇独立的小论文。参见《再提【内容摘要】的基本要求》，《法学》2006 年第 8 期。

文的必要要件，而且还对摘要的格式、体例、字数和句数等作出了各具特色的规定。国内多数期刊要求将摘要控制在 200 字左右，也有期刊规定应是 200—300 字，还有期刊要求 300—500 字。[①] 一些期刊要求摘要包含 10 个左右意义完整的句子。[②] 推其原因可能在于：一是跟国际期刊的规范接轨；二是节约编辑、读者了解论文的时间精力；三是给作者一个进一步加工论文和展示论文创新点的窗口。

如果说题目是论文的"眼睛"，那么摘要就是论文的"脸面"，集中体现了论文的精神和气质。通常编辑、同行在浏览题目、目录后，重点阅读的就是摘要，摘要写作的质量直接影响编辑、同行阅读正文的兴趣。同时，摘要也是编制论文索引的重要依据。可见，摘要在法学论文写作中占有非常重要的地位。

与摘要相近的第一个概念是"提要"。提要通常是指从文章、书籍中提取的要点，与摘要的常义，即从论著中提取的要点，没有什么区别。仅在目录学的解题意义上，两者含义不同。在解题意义上，提要是简要说明文献的主要内容，并评价其学术得失的

---

① 例如《中国社会科学》《中国法学》《比较法研究》三本杂志要求的摘要是 300 字以内。参见《中国社会科学杂志社投稿须知》，载 http://sscp.cssn.cn/tgxt/zgshkxtg/ ；《投稿须知》，载 http://zgfx.cbpt.cnki.net/EditorA3N/PromptPageInfo.aspx?t=v&c=1 ；《〈比较法研究〉投稿须知》，载 https://bjfy.cbpt.cnki.net/WKC/WebPublication/wkTextContent.aspx?navigationContentID=2eafad03—376b—44d5—b294—b65098412bda&mid=bjfy，最后访问时间：2024 年 8 月 5 日。
② 例如《〈中国土地科学〉论文中英文摘要和关键词规范》，《中国土地科学》2013 年第 1 期。

目录学方法。国家标准提出，提要是对文献内容进行简介或者评述。① 但是至少在笔者的阅读范围内，期刊、学位、会议论文的提要与摘要几无区别。

与摘要相近的第二个概念是"概要"。概要是指对文章、书籍内容的简要概括，也与摘要的上述常义同义。在用于文章、书籍名时，概要是指重要内容的大概。此时，概要与摘要的上述常义及功能有些许不同。

与摘要相近的第三个概念是"文摘"。文摘是指从文章、书籍中摘录的主要内容和原始数据。它可以包含文章、书籍的基本事实、结论。在提供文献梗概的意义上，它与摘要同义。在选取文章、书籍片段的意义上，它与摘要的上述常义及功能不同，而与摘录、摘抄、抄录、节录的含义及功能相同。

第二节　类　型

从生成方式、内容、功能、目的、著录者身份、生成主体等不同的角度，可以把摘要划分为不同的类型。

一、抽取式摘要和概括式摘要

从生成方式上看，摘要可以分为抽取式摘要和概括式摘要。前者是对论文关键句或者要点的摘取、组合，后者是对论文主要

---

① 参见《GB3792.1—83 文献著录总则》第 10.9.1 条。

内容的总结、概括。严格地讲，抽取式摘要的句子之间并不要求有逻辑关系，而概括式摘要的句子之间必须有严密的逻辑关系。不过，在实际写作中，作者为了推广自己的论文，在编排抽取式摘要时，也有意使句子之间呈现逻辑关系。因此，纯粹抽取式摘要在当前期刊论文中已鲜见。例如《新时代政法改革论纲》一文的摘要是对目录和正文要点的抽取式摘要，但作者也对抽取之句子的个别文字进行了改动，以实现逻辑上的粘连。[①]

二、观点式摘要和缩微式摘要

从内容上看，摘要又可以分为观点式摘要和缩微式摘要。前者是对论文的主要观点、创新点的总结、概括和凸显，后者是对论文主要内容的浓缩。[②] 由于追求传播速度、转载率和引用率及与国际接轨的需要，当前的核心期刊都要求作者在摘要中表达自己的核心观点，所以核心期刊上的论文基本上是观点式摘要。缩微式摘要有点类似于人们提及的结构式摘要。后者与论文结构严格对应，通常包括研究目的、研究方法、研究结果、研究结论、其他等五个部分。[③] 例如，2002 年首届教育部人文社会科学法学类重点研究基地主任工作联席会议发布的《中国法学研究的学术

---

①　参见黄文艺：《新时代政法改革论纲》，《中国法学》2019 年第 4 期。

②　例如《中国法学》杂志要求的摘要即为观点式摘要。参见《投稿须知》，载 http://zgfx.cbpt.cnki.net/EditorA3N/PromptPageInfo.aspx?t=v&c=1，最后访问时间：2024 年 8 月 5 日。

③　参见邓勇：《法学论文中文摘要规范化探析》，《当代法学》2005 年第 3 期。

规范与注释规则》所要求的摘要就类似于缩微式摘要。① 一些期刊，例如《中国土地科学》所要求的摘要则属于典型的结构式摘要。当然，由于人文社会科学并不以实验方法为主，所以其缩微式摘要与自然科学的缩微式摘要有小异之处。

三、介绍式摘要和提示式摘要

从功能上看，可以分为介绍式摘要和提示式摘要。前者是向编辑、同行介绍论文的目的或目标、方式或方法、思路或脉络、结果或结论，后者是向编辑和同行展示论文的观点、创新点和研究结论。② 当然，对于介绍式摘要是否应展示论文的写作思路，编辑界也有不同的看法。③ 在实际操作中，应视期刊编辑部和学位授予方的要求而定。由于前文所述原因，介绍式摘要在当前核心期刊上已难觅踪迹，但它在法学学位论文中似已成为摘要之主流。

四、报道式摘要和指示式摘要

从目的上看，可以分为报道式摘要和指示式摘要。前者是指明论文的主题范围及内容梗概等信息价值较高部分的摘要，后者是指明论文信息价值较小部分的摘要。可不可以把上述两种摘要结合起来，或者说有没有介于上述两种摘要之间的摘要呢？一

---

① 参见李可：《法学学术规范与方法论研究》，东南大学出版社 2016 年版，第 14 页。
② 参见李可：《法学学术规范与方法论研究》，东南大学出版社 2016 年版，第 72 页。
③ 参见小田：《论文摘要规范化的思考》，《苏州科技大学学报（社会科学版）》2017 年第 1 期。

些国家标准提出一种报道—指示式摘要，它是以报道式摘要表明论文中信息价值较高的部分，以指示式摘要表明其余部分的摘要。①

报道式摘要和指示式摘要的分类与前述介绍式摘要和提示式摘要的分类相似，例如报道式摘要和前述介绍式摘要都相对比较详细，而指示式摘要与前述提示式摘要则相对简略，但是它们分类的标准不同，因此可以各自独立成类。法学论文宜采用报道式摘要或者提示式摘要，而不宜采用指示式摘要、介绍式摘要。

五、作者摘要和文摘员摘要

从著录者的身份上看，可以分为作者摘要和文摘员摘要。前者是由论文的作者撰写的摘要，后者不是由论文的作者撰写的摘要。② 作者摘要只能如实反映论文的主要内容和中心思想，不能对之添加评论，而文摘员摘要则可以对之添加评论、补充。但当前《新华文摘》《中国社会科学文摘》《高等文科学校学术文摘》《社会科学文摘》上的摘要虽是文摘员摘要，却未见文摘员的评论、补充。

文摘员由于不是作者，可以站在客观公正的立场编写摘要，并予以恰如其分的评论。然而，文摘员也有可能歪曲作者本意，甚至出现明显的错误。

---

① 参见《GB 6447—86 文摘编写规则》第 2.3 条。
② 参见《GB 6447—86 文摘编写规则》第 2.2—2.5 条。

六、人工摘要和机器摘要

从摘要生成的主体上看，可以分为人工摘要和机器摘要。前者是由作者或者文摘员从文章、书籍中摘取的摘要，后者是由计算机从文章、书籍中自动提取的摘要。机器摘要又称机编摘要、自动摘要。人工摘要可能对论文内容和观点添加评论、补充，而机器摘要不可能对之添加评论。随着计算机科学技术的发展，越来越多的法学工作者选择机器摘要，以节省撰写摘要的时间精力。

在以上各对选择中，法学论文通常应当分别选择概括式摘要、观点式摘要、提示式摘要、报道式摘要、作者摘要和人工摘要。

第三节　要　求

虽然不同的期刊对论文摘要的要求不同，但是，一个好的摘要应当具备概括性、独立性、自含性和规范性四点要求或者标准。

一、概括性

摘要是对论文主要论点、论证方式和最终结论的概括，是对论文内容的高度浓缩。例如《中国民间公益法人制度现代化的路径选择》一文，首先阐述了民间公益法人的定义和在中国社会治理现代化中的重要性。这为读者提供了一个清晰的背景信息；其次简明扼要地总结了三个主要问题——公私边界不清、资格认定规则支离破碎、问责模式畸轻畸重。这些问题的描述高度概括，避免了烦琐的细节；最后提出了解决每个问题的具体方案，且每个方案的概括都非常简明，如"以私法人为模型设计民间公益法人的制度框架""将民法典中的民间公益法人资格并入慈善组织资格""明确会员的信义责任并提高诉讼启动门槛"。[①] 一个好的摘要应当能够体现论文的主要论点、基本论据、论证思路和创新点等四个重要要件。例如，《双重社会转型下中国环境法的挑战与因应》一文的摘要基本上体现了作者的主要论点、论据、问题解决的思路。[②] 当然，如果字数允许，摘要还应当体现论文的目的任务、方法材料、结果效果、结论建议。[③] 摘要的字数应当主要与论文的篇幅成正比，报道式摘要以 400 字左右为宜，指示式摘要以 200 字左右为宜。[④] 期刊论文的摘要通常应当控制在正文篇幅的 5% 以内；会议论文摘要的字数以会议主办方的规定为准；学位论文摘要的字数以学位授予单位的规定为准，但是硕士学位论文摘要的字数不宜超过正文篇幅的 2%，博士学位论文摘要的字数不宜超过正文篇幅的 1%。从方便阅读的角度看，即使长篇

---

① 李德健：《中国民间公益法人制度现代化的路径选择》，《法学研究》2024 年第 1 期。

② 参见秦天宝：《双重社会转型下中国环境法的挑战与因应》，《中国法学》2024 年第 2 期。

③ 参见《GB 6447—86 文摘编写规则》第 5 条、《GB 7713—87 科学技术报告、学位论文和学术论文的编写格式》第 5.7.3 条。

④ 参见《GB 6447—86 文摘编写规则》第 4.1—4.2 条。

论文，摘要都不应超过一页纸的篇幅。

概括性标准的设立是为了使编辑、外审专家、读者能够迅速了解论文的主要内容和中心思想。一些期刊和学位论文要求或者允许的摘要过长，客观上妨碍了摘要这一功能的实现。

二、独立性

摘要不是论文要点的罗列，也不是目录的复制或者移用，而是论文主要内容或者观点的缩写，是一篇微型论文。它独立于论文而存在，编辑、同行可以通过阅读摘要在短时间内了解正文的内容，这一点已成基本学术规范。[①] 因此，独立性又被称为摘要的自明性。

独立性标准的设立是为了方便编辑、外审专家和读者能够迅速地了解论文的总体框架、论证思路和基本结论。

三、自含性

摘要的内容内含于论文中，不可以超出论文的内容，更不能在论文内容之外自由发挥。[②] 也就是说，摘要所包含的信息不应当超出、溢出论文承载的信息，但是也不能过于小于论文的信息量。当然，这并不意味着摘要应（实际上也不可能）承载论文所有的信息，而是应包含论文的核心信息。例如，《存疑有利于被告原则的刑法适用规则》的摘要首先体现了内容的完整性：包

---

① 参见何海波：《法学论文写作》，北京大学出版社 2014 年版，第 251 页。
② 参见《GB 6447—86 文摘编写规则》第 2.1、6.1 条。

含了论文的核心观点和主要内容，明确提出了"存疑有利于被告原则要求构建刑事实体法上分层次、体系性的判断与适用规则"，并详细描述了该原则在不同情境下的具体适用规则；其次无超出信息：围绕论文的主要内容进行描述，没有引入超出论文的信息，也没有进行自由发挥或主观扩展，确保内容与论文一致；最后包含了论文的核心信息：例如"定罪的事实性前提存疑的法律效果""存疑且涉及罪名选择适用的情形""影响量刑的事实存疑的情形""存疑有利于被告原则被排斥适用的情形"。[1]

自含性标准的设立是为了确保摘要客观真实地反映论文主要内容和中心思想。在摘要中出现引文、注释、参考文献的行为，是不符合国家标准的[2]，除非是文摘员为纠正原论文摘要中的明显错误[3]。

四、规范性

摘要应当符合逻辑、语法和国家标准，使用本领域公知公用的专业符号和术语，[4] 例如法学论文的摘要要使用法言法语。同时，摘要也要符合期刊要求的格式体例、规定的字数和一些特殊禁忌，例如一些期刊要求摘要中不得出现"我认为""我们认

---

[1]　周光权：《存疑有利于被告原则的刑法适用规则》，《法学研究》2024 年第 3 期。

[2]　参见《GB 7713—87 科学技术报告、学位论文和学术论文的编写格式》第 5.7.1 条。

[3]　参见《GB 6447—86 文摘编写规则》第 6.8 条。

[4]　参见《GB 6447—86 文摘编写规则》第 6.9 条、《GB 7713—87 科学技术报告、学位论文和学术论文的编写格式》第 5.7.5 条。

为""作者认为""本文认为"等字眼。① 期刊论文的摘要通常不能分段②，不能有引文、注释、参考文献。学位论文的摘要可以分段，但是也不能有引文、注释或者参考文献。

规范性标准的设立是为了使摘要易于为编辑、外审专家和文摘员接受，同时也是期刊规范性审查的一个重要方面。

在上述四个要求中，概括性、自含性和规范性是所有期刊对摘要的共同要求，因此可以称为摘要的必要要求，而独立性是大多数期刊对摘要的要求，可以称为摘要的普遍要求。

第四节　设　计

摘要如此重要，那么要发挥它吸引编辑、外审专家和读者注意的作用，就需要在前述基本要求的基础上，从以下五个方面对它进行精心设计和优化。

一、尽量使用概括式摘要

相比抽取式摘要，概括式摘要对作者的概括能力提出了更高的要求，但也正因如此，它比抽取式摘要更能体现作者的个人能力和集中展示作者的文字能力，通常更能吸引编辑、外审专家和

---

① 例见《再提【内容摘要】的基本要求》，《法学》2006 年第 8 期；系统管理员：《稿约》，载 https://flkx.nwupl.edu.cn/cxml/56272.htm，最后访问时间：2024 年 8 月 5 日；编辑部：《本刊论文摘要、关键词撰写规范》，《河南科技大学学报（社会科学版）》2014 年第 6 期。

② 参见《GB 6447—86 文摘编写规则》第 6.6 条。

读者的注意。

二、尽量协调句子之间的逻辑关系

虽然抽取式摘要、观点式摘要并不要求摘取的句子之间形成严密的逻辑关系，但是使句子之间形成一定的逻辑关系、结构严谨，可以使摘要吸引编辑、外审专家和读者的注意，避免摘要存在重复、啰嗦、模糊之处，有利于摘要作为一篇微型论文得以尽快传播。

三、尽量使用观点式摘要

相比缩微式摘要，观点式摘要能够直接向编辑、同行展示作者的核心观点和创新点，更易于引起编辑、外审专家和读者的阅读兴趣，从而增加通过和采用的概率。论文在遵守学术共同体的规范的基础上，需要对已有的理论予以修正、补充，甚至发起挑战，因此它的基本性格或者特征应是求新、求异。创新是论文的生命，论文的创新点自然应集中体现在摘要之中。因此，人们很早就要求"提要中应说明论文的重点、特点与新见解是什么"[1]。

四、寓创新于平实

用第三人称的客观、中立、平实的语句叙述论文的主要内容和中心思想，于平实中见创新，于平淡的叙述口吻中见作者创作的艰辛。平实、平淡的叙述往往比生僻、造作、夸张的言辞更能

---

[1] 魏振瀛：《怎样写民法学论文》，载《中外法学》编辑部：《经验与心得：法学论文指导与写作》，北京大学出版社 2017 年版，第 126 页。

打动编辑、外审专家和读者。"一篇客观的摘要大多是由一组意义完整的无主语的陈述句构成。"[①] 用简单的、平实而非复杂的、造作的语句表达论文的观点和结论，更能在平实中见作者深厚的文字功力。例如《迈向自主法学知识体系的比较法研究范式——以 2003—2022 年的比较法论文为样本》一文的摘要通过对比较法在中国发展历程的客观、中立描述，以平实、平淡的语言，概括出了显性比较法、隐性比较法的二阶发展论，并阐述了此种发展趋势的深刻寓意。[②]

当然，设计摘要的平实、平淡技巧并不意味着放任使用非专业的口语、俚语、土语。法学论文的正式、严谨、客观、科学的特性排斥在摘要中使用前述语言。

五、提高摘要的文采

不要把摘要看成对正文内容的机械的、呆板的缩微，也不能将它看成对主要论点、创新点的简单罗列、组合，而应当在忠实正文内容的基础上，注重文字表达，尽力使之成为一篇文采飞扬的微型论文。例如《数字人身同一认定的技术力量与规制》一文的摘要既简洁，又明了，而且文采飞扬。[③]

总结以上五点设计要求，得出的基本结论是，通过使用结构严

---

① 邓勇：《法学论文中文摘要规范化探析》，《当代法学》2005 年第 3 期。
② 参见宋亚辉：《迈向自主法学知识体系的比较法研究范式——以 2003—2022 年的比较法论文为样本》，《法学研究》2024 年第 1 期。
③ 参见李学军：《数字人身同一认定的技术力量与规制》，《中国法学》2024 年第 1 期。

谨、突出论文核心观点的概括式摘要，将摘要打造成一篇文采飞扬的微型学术论文，使摘要与文献综述一样，拥有学术修辞的功能。

第五节　常见问题

摘要撰写中的常见问题主要有以下六种：不区分论文类型、不注意期刊要求、在摘要中插入注释、直接复制目录、直接提取正文片段、没有体现作者的核心观点。

一、不区分论文类型

从用途上看，论文可以分为期刊论文和学位论文，前者是为了发表到期刊上的论文，后者是用于获取学位的论文。两者对摘要的规定虽然在内容上几无区别，但是在格式、体例和字数上多有不同。期刊由于版面稀缺，通常对摘要的字数限制较严；而学位论文并无版面限制，但是出于便于盲审、答辩、抽查的需要，也对摘要的字数作出一定的限制，而且字数上限通常要比期刊规定宽松得多。

同时，自然科学期刊对论文摘要格式的要求也不同于社会科学期刊，前者通常要求在摘要中表明作者研究的目的目标、研究的方式方法、使用的设备材料、实验的结果结论，而后者通常只要求在摘要中体现论文的中心论点、论证方式和结论等要件。

二、不注意期刊要求

期刊在办刊过程中，通常会形成自己独特的办刊风格和对摘要的比较细微的特殊要求。例如在字数上，有的期刊要求摘要的字数不得超过 200 字，有的期刊则要求在 200—300 字，还有的期刊要求在 300—500 字；在内容上，有的期刊要求摘要中不得出现"我认为""我们认为""作者认为""本文认为"等字眼，[①] 有的期刊则允许出现前述字眼；[②] 在要件上，有的期刊要求摘要中不得出现图表、化学结构式，有的期刊则允许出现图表、化学结构式。但是一些作者不看期刊的特殊要求，一律按照自己的喜好撰写摘要，这是不可取的。

三、在摘要中插入注释

摘要尽量不要出现引文、插入注释或者参考文献，除非文摘员为纠正原论文摘要的错误，或者作者纠正他人的重大理论命题、经验性事实。这些是期刊界的行规，也为一些报告、论文的编写标准所强调。[③] 但是一些作者无视该行规，在摘要中插入引文、注释或者参考文献，使摘要变得怪异和刺眼。该问题在学位论文摘要的写作中表现得更加严重，经常有一些研究生在学位论文的摘要中插入引文和注释。

四、直接复制目录

虽然没有期刊和学位论文授予单位禁止在摘要中直接复制目

---

① 例见《〈重庆大学法律评论〉稿约格式体例》，《重庆大学法律评论》2019 年第 2 期。
② 例见应飞虎：《权利倾斜性配置研究》，《中国社会科学》2006 年第 3 期。
③ 参见《GB 7713—87 科学技术报告、学位论文和学术论文的编写格式》第 5.7.1 条。

录，但是出于以最少的文字表达最大的信息量之编辑原理和对编辑、同行劳动的尊重，作者尽量不要直接将目录拿过来当摘要使用。直接复制目录的行为不仅浪费了宝贵的期刊版面和学位论文的篇幅，而且可能被编辑、学位论文授予方、盲审专家和读者视为一种偷懒的行为，更有可能被视为不尊重编辑和读者的行径。

复制题名为一些摘要标准所禁止，[①] 由此可以推论，复制目录也不为这些摘要标准所提倡。撰写摘要虽然应忠实于论文内容，但它仍是一种创新性劳动。

五、直接提取正文片段

从正文中摘取能够代表论文主要内容或者中心思想的片段作为摘要，是一些作者的常见做法。虽然从摘要的目的上看，此种做法似可接受，但是摘要重复正文片段，这与上述做法一样，浪费了期刊宝贵的版面和学位论文的篇幅，也是一种不值得肯定和提倡的学术"懒习"。对此，一些期刊给予了公开的批评和告诫。[②] 一些学者也告诫编写摘要时不要重复论文的结论。[③]

直接提取正文片段，客观上使摘要成为论文可有可无的部分，而不再是论文的一个有机组成部分。

---

① 参见《GB 6447—86 文摘编写规则》第 6.4 条。
② 例见《论文摘要的编写要求》，《闽江学院学报》2015 年第 6 期。
③ 参见何海波：《法学论文写作》，北京大学出版社 2014 年版，第 252 页。

六、没有体现作者的核心观点

一些摘要只叙述论文的结构或者作者的研究思路，没有体现作者的核心观点。由于写作提纲、研究思路并不能有效标识一篇论文的作者个性，所以这样的摘要让读者看后仍不知作者想要表达什么，或者说什么是他的独特贡献。为此，一些行家告诫作者："不要陈述本学科领域已成为常识的内容，避免笼统空泛的论述和结论，切忌把写作背景、研究目的等应在导言中出现的内容写入摘要。"[①]"摘要应针对论文主要的、重要的观点进行总结和概括，重点报道论文独具特色的主要内容，力求在简短的文字中将原文的精髓概括完全。"[②]

思 考 题

1. 法学论文宜采取哪些类型的摘要？

2. 一个好的摘要应符合哪些标准？

3. 试述法学论文摘要美化的方法。

[①] 何海波：《法学论文写作》，北京大学出版社 2014 年版，第 252 页。

[②] 张力：《法学论文写作》，高等教育出版社 2018 年版，第 145 页。

第十一讲

关键词是论文意义脉络上的节点

关键词是体现论文意义脉络的节点词，也是文献检索的重要依据。凝练关键词之关键在于顺着论文的意义脉络寻找。

关键词也不是论文的必要要件，但是它能够体现论文的意义脉络或者作者的论证思路，对于同行理解论文颇有帮助。同时，它也是文献标引、编制检索工具、查找专题文献的重要依据。"检索方法的关键点在于找到合适的检索词即'关键词'。"①

第一节　定　义

关键词又称"键词"，是指从论文中提取的、体现论文意义脉络或者实质要件的单词或者术语。提取关键词是为了编入文献索引，提高检索效率和论文的被引率。关键词是文献检索的标识。同时，关键词也是编辑和外审专家判断论文是否属于特定领域的重要依据，是读者决定是否继续阅读下去的重要参考。总之，关键词是编辑、同行迅速了解论文的重要窗口，是编制论文索引的重要依据。

从来源上看，关键词可以分为题内关键词和题外关键词。前者是从题目中抽取的关键词，后者是从题目外，例如摘要、目

① 张力：《法学论文写作》，高等教育出版社 2018 年版，第 57 页。

录、正文中抽取的关键词。只有极少数论文的关键词全部属于题内关键词，或全部属于题外关键词，绝大多数论文的关键词是题内关键词与题外关键词的混合。例如《陕西紫阳诉讼档案中的清代土地交易规范及其私法理念》一文的关键词全部是从题名中析解出来的。①

从结构上看，关键词可以分为单词关键词和复合关键词。前者是一个独立的词，后者是由若干独立的词组合而成的复合词。一个基本的规律是，法学越往前发展，单词关键词就越少，与此同时，复合关键词就越多。当前中国核心期刊上的论文，大多数属于复合关键词。

从制作者来看，关键词可以分为作者关键词和信息员关键词，前者是论文作者标注的关键词，后者是专业人员标引的关键词。

关键词在国内大多数期刊中出现的时间几乎与摘要同步，绝大多数期刊也对关键词的格式、体例和字数等作出了规定。例如，多数期刊要求论文有关键词3—5个②，也有期刊规定3—6

---

① 参见汪世荣：《陕西紫阳诉讼档案中的清代土地交易规范及其私法理念》，《法学研究》2021年第1期。

② 例如《中国社会科学杂志社投稿须知》，载 http://sscp.cssn.cn/tgxt/zgshkxtg/；《〈比较法研究〉投稿须知》，载 https://bjfy.cbpt.cnki.net/WKC/WebPublication/wkTextContent.aspx?navigationContentID=2eafad03—376b—44d5—b294—b65098412bda&mid=bjfy，最后访问时间：2024年8月5日。

个①，还有期刊要求 3—8 个②，更有期刊要求 5—8 个③。总体上看，报告、论文的关键词应是 3—8 个。

　　与关键词相近的第一个概念是"主题词"。主题词是指标明文献主题概念的单词或者词组，将它用于不同场合，可以有不同的名称。例如，用于标引文献时可以称为标引词，用于检索文献时可以称为检索词。广义的主题词除了包括关键词，还包括标题词、单元词、叙词。狭义的主题词是指经过规范化的关键词。因此，从狭义上看，主题词与关键词的区别在于，前者要经过规范化处理，而后者不需要；前者是从主题词表中选取，④而后者可以是自由词。

　　与关键词相近的第二个概念是"中心词"。中心词是指在短语、句子、段落、目、节、章、编和文献中处于中心地位的词。广义的中心词除包括关键词，还包括语法意义上的中心词，即与定语、状语、补语相对待的词。狭义的中心词是指在文献的意义脉络中处于中心地位的词。

　　与关键词相近的第三个概念是"索引词"。索引词是指在标

①　例如《中国法学》杂志要求的是 3—6 个，参见《投稿须知》，载 http://zgfx.cbpt.cnki.net/EditorA3N/PromptPageInfo.aspx?t=v&c=1，最后访问时间：2024 年 8 月 5 日。
②　例如《〈中国土地科学〉论文中英文摘要和关键词规范》，《中国土地科学》2013 年第 1 期；《科技论文写作规范——摘要、关键词》，《农业开发与装备》2008 年第 11 期。
③　例如姜联合：《〈植物生态学报〉中英文题目、关键词、摘要撰写要求》，《植物生态学报》2004 年第 5 期。
④　例如《社会科学检索词表》编辑委员会编：《社会科学检索词表》，社会科学文献出版社 1996 年版。

引、检索文献时用以表达一定概念的语词或者符号。它除包括关键词，还包括标题词、单元词、叙词、分类号等。如同主题词，索引词用于不同场合，也可以有不同称呼。用于标引文献时称为标引词，用于检索文献时称为检索词。

第二节　要　求

关键词的抽取和择定具有严格的要求，如果抽取不当，将影响论文的通过或者采用。关键词的选择应当遵守以下四条要求或者标准。

一、整体性

"关键词的设定既不能太宽泛，也不能太生僻。"[①] 选取的关键词应当能够体现论文的中心观点、主要内容和论证思路。也就是说，借助关键词，编辑、同行可以迅速了解正文的主要信息，包括总观点与分观点、主要主题与次要主题、显性主题与隐性主题。例如，《"审执分离"本质与路径的再认识》一文的关键词是"审执分离；民事执行；民事审判权；执行裁决权；执行实施权"，全面体现了论文的核心观点、主要内容和论证思路，符合整体性的要求。第一个关键词"审执分离"体现了论文的主题，即审判权与执行权的分离问题，是论文探讨的核心概念；第二个关键

---

① 何海波：《法学论文写作》，北京大学出版社 2014 年版，第 257 页。

词"民事执行"指出了研究的具体领域，即民事执行，明确了论文的适用范围和背景，帮助读者了解研究的法域；第三个关键词"民事审判权"反映了论文中讨论的一个关键内容，即审判权的行使对象和范围，说明了研究的一个主要方面；第四个关键词"执行裁决权"和第五个关键词"执行实施权"分别体现了论文对执行权内部不同权能的具体分析，明确了执行权的具体内容，展现了执行权的完整要素。[①] 当然，单个关键词往往只能体现论文主要内容的一个方面，只有所有关键词合在一起才能完整呈现论文的主要内容。

二、实质性

选取的关键词应当能够体现论文的实质内容，所以应当是实词而非虚词，应当尽量是专业词而非通用词。这一点往往为一些论文写作工具书所忽视。当然，一些期刊和学者要求关键词是名词或者名词性的词组[②]，似为不妥。只能说，在大多数情况下，关键词是名词或者名词性的词组。在少数情况下，关键词可以是动词或者动词性的词组。

三、唯一性

选取的关键词之间不应当存在意义相同或者相近的现象，对

---

① 参见张卫平：《"审执分离"本质与路径的再认识》，《中国法学》2023 年第 6 期。
② 例如《论文关键词》，《行政法学研究》2004 年第 3 期；马利：《社科学术论文中关键词的标引》，《中央民族大学学报（哲学社会科学版）》2007 年第 4 期。

于意义相同或者相近的多个词语，应当择一选用。同时，关键词的含义也应当是唯一的，不应当是模糊的、多义的。

四、规范性

选取的关键词应当在符合国家标准的前提下，满足期刊的特殊要求。[①] 法学论文的关键词至少要能够从学界公认的权威工具书中找得到，尽量不要生造词及其组合。[②] 只有在主题词表中找不到表达新学科、新命题、新判断、新观点、新理论、新学说、新技术、新材料的词时，才可生造词。关键词选取的数量应当符合学界惯例或者期刊的要求，例如多数期刊规定关键词的个数为3—5个，也有一些期刊规定是3—8个。

由于关键词可以是自由词，所以抽取和择定尤其应强调规范性要求。不仅如此，关键词的编排也应符合通行的规范，例如关键词之间用分号隔开，[③] 使用社会、行业和学界中通用的地名、人名、译名、文献名、产品名，按照主次或者论文结构给关键词排序。

也有少数期刊不仅给出了关键词排序的标准，而且还规定了各自的大体内容。例如第一个关键词标出论文所属二级学科名

[①] 　中国科学技术情报研究所、北京图书馆编：《汉语主题词表》，科学技术文献出版社1980年版。

[②] 　参见《中华法学大辞典》编委会主编：《中华法学大辞典》，中国检察出版社2003年版。

[③] 　一些期刊要求用空格隔开，对于中文关键词来说并无不可，但是对于英文关键词来说就不可取了。

称，第二个关键词标出论文得到的研究成果名称，第三个关键词标出论文采用的研究方法名称，第四个关键词标出论文研究对象名称或者题内重要名词，第五个及以后的关键词标出其他有利于检索的词。[①] 例如一篇发表在《中国土地科学》的名为《后民法典时代土地权利体系化研究》的论文列出的关键词依次是：土地法学；权利体系；国有农用地使用权；法定地役权；土地经营权。[②]

上述要求得到一些人文社会科学编辑的认同。[③] 不过，此种做法有模仿理工科期刊做法的严重痕迹，就大多数人文社会科学期刊而言，还是要求按照论文结构给关键词排序。

以上四个标准中，前三个标准是关键词选取的实质标准，第四个标准是关键词选取的形式标准，它们共同的目标是体现论文的意义脉络。

第三节　技　巧

在关键词的抽取上，作者可以采用下述四种技巧，以达到事半功倍的效果。

---

① 例如《〈中国土地科学〉论文中英文摘要和关键词规范》，《中国土地科学》2013 年第 1 期。

② 例如刘锐：《后民法典时代土地权利体系化研究》，《中国土地科学》2021 年第 9 期。

③ 参见章诚、张爱梅、周丽娟：《画龙点睛：学术论文关键词的科学选取》，《编辑之友》2015 年第 9 期。

一、计算机自动提取法。通过计算机软件，可以自动提取关键词，效率高，而且不会出错，缺点是无法识别一词多义、多词一义和词义模糊的现象。随着计算机的智能化，这一缺点将很快得到克服。

二、题目、目录、摘要提取法。"关键词一般从论文标题或者小标题中选出；少数情况下，论文标题或者小标题没有合适的词，则从正文中选择。"① 这里所说的"论文标题""小标题"分别是指本书所称的题目和目录。例如，《社会信用体系建设的法治之道》一文的关键词是从题目和目录中提取的；《论反垄断法的重构：应对数字经济的挑战》一文的题目没有反映在关键词中，关键词是从目录和摘要中提取的。② 在标题反映了研究对象、研究范围、研究目标、研究方法的情况下，主要从标题中选取关键词，是法学论文选取关键词的常规路径。从理论上讲，最能体现论文实质要件和创新思想的依次应当是题目、目录和摘要，因此从这三个地方提取关键词，可谓既方便又正确。例如《论数据用益权》一文的关键词是从摘要中提取的。③ 但是，当通过此种提取法难以全面反映论文的主题内容时，就有必要根据论文结构从正文中添加其他关键词。例如《论算法的法律规制》一文从正文

① 何海波：《法学论文写作》，北京大学出版社 2014 年版，第 257 页。
② 分别参见沈岿：《社会信用体系建设的法治之道》，《中国法学》2019 年第 5 期；杨东：《论反垄断法的重构：应对数字经济的挑战》，《中国法学》2020 年第 3 期。
③ 参见申卫星：《论数据用益权》，《中国社会科学》2020 年第 11 期。

中添加了"人工智能"这个关键词；《个人信息国家保护义务及展开》一文从正文中添加了"工具性权利"这一关键词。①

三、主题分析法。根据论文的研究对象、研究角度、研究方法、论证方式、论证思路、结论结果，来确定论文的主题，从中抽绎出主题概念，最后将之转换为关键词，并检查其是否有检索价值。②

四、《汉语主题词表》提取法。借助《汉语主题词表》服务系统，自动识别、提取法学论文的关键词。但是有人提出，该词表过于陈旧，不适合法学这样的新兴学科。③随着法学的发展，尤其是新兴学科的不断涌现，《汉语主题词表》迫切需要更新。

总之，无论采取何种方法提取关键词，只要提取的关键词符合前述四个标准，体现论文的意义脉络即可。在大数据和人工智能高速发展的今天，应当充分利用计算机科学技术手段，自动提取关键词。

第四节　常见问题

在关键词的择定上，常见的问题有如下五个：不具有代表

---

① 分别参见丁晓东：《论算法的法律规制》，《中国社会科学》2020 年第 12 期；王锡锌：《个人信息国家保护义务及展开》，《中国法学》2021 年第 1 期。

② 参见张积玉：《论社会科学报论文关键词及其标引规范》，《吉林大学社会科学学报》1993 年第 6 期。

③ 参见何海波：《法学论文写作》，北京大学出版社 2014 年版，第 257 页。

性、数量过少、生造词过多、意义重复、随意堆放。

一、不具有代表性

一些作者图省事，仅从题目、目录或者摘要中选取关键词，往往难以体现论文的主要观点、论证思路和创新之处。正确的做法是应当一边细读全文，一边抽取关键词。

二、数量过少

关键词是反映论文的论题、论点、论证方法和研究结论等实质要件的单词或者词组，通常不可超过8个，但也不能少于3个。实践中有只列2个关键词的，是很不严肃的做法。因为2个关键词其实是无法表达论文的意义脉络的。

三、生造词过多

关键词的选取应当遵守国家的标准规范，如果不得不生造词或其组合，以不超过3个为宜，而且应当在正文或者注释中予以详细说明。[①] 实践中有作者大造生词，而且不加说明，从而影响论文阅读的流畅性。尤其是那种生造论文题目、摘要和正文中不曾有的关键词的做法，更是违背了关键词应当作为自由词的属性。

四、意义重复

由于不是从标准化的词表中取词，没有经过规范化处理，因

---

① 　参见李可：《法学学术规范与方法论研究》，东南大学出版社2016年版，第73页。

此在很多情况下容易造成不同的关键词其实表达的是同一个意义。一些作者不注意自由词之间的同义现象，经常把同义的数个自由词并列为关键词，造成了关键词意义重复的问题。

五、随意堆放

关键词的排序有两个标准：一是主次标准，即主要关键词在前，次要关键词在后；二是对应标准，即应当与正文结构对应。但是一些作者无视或者根本不了解上述标准，随意堆放关键词，这显然不利于关键词体现论文意义脉络之功能的发挥，也不利于专题文献的查找。

思 考 题

1. 关键词的提取应符合哪些要求？

2. 简述关键词提取的技巧，并举例说明。

3. 关键词提取的常见问题有哪些？

第十二讲

注释应不多不少

注释是编辑和外审专家了解作者知识结构、论文学术水准的重要"窗口"，更是测度作者治学是否严谨的重要依据。

注释作为论文的附件，并不是论文的装饰或者摆设，而是论文的有机组成部分，它对解释论文的疑点、拓展论文的意义和方便同行检索论文发挥着重要作用。因此，注释也是编辑、外审专家检视作者知识结构的一个重要"窗口"。同时，注释做得好与坏，也可以反映作者治学的严谨程度甚至学术水平。

第一节 定 义

注释又称"注""注解""注文"，是指对题目、作者、正文内容的补充、说明和解释。注释通常用不同的字体、字号与被注释对象区分开来。

20世纪90年代以前，国内许多期刊没有注释，一些期刊在付印时甚至将来稿的注释删除。20世纪90年代以来，大多数期刊规定必须有注释，而且注释的体例、格式、种类越来越完善。进入21世纪以来，各学科纷纷出台本学科的注释规范。① 当下，没有注释的期刊难觅踪迹，而且注释成为编辑、同行衡量作者是

---

① 例如2002年1月30日首届教育部人文社会科学法学类重点研究基地主任工作联席会议发布的《中国法学研究的学术规范与注释规则》。

否尊重他人知识产权的一个重要标志。期刊注释规范化已成为国家社会科学基金资助的一个重要条件和年度考核标准，也是国家新闻出版署和期刊协会评选优秀期刊的重要标准。①

对于论文而言，注释拥有解释、补充、强化、检索、展示和美化等六大功能。

第一，解释功能。"注释，指对文字作品中的字、词、句进行解释。"②除了该定义指向的字、词、句之外，注释还可以对论文的段、目、节、章、编乃至整个论文进行解释。解释的对象是人们不易理解，或者易产生歧义的部分，且以必要和不产生进一步的疑难、歧义为限。例如《比例原则的适用范围与限度》一文，脚注〔13〕对正文中的内在限制与外在限制这两个人们不容易理解的术语进行了解释。③

第二，补充功能。补充在正文中不宜表达的内容，以避免论文内容枝蔓。注释是"构成论点的思想主流之外的补充材料"④。作者可以对论文的非主题性问题诉诸注释进行补充说明，一方面不致使论文枝蔓，另一方面也满足了读者对于此类问题最基本的

---

① 参见 2019 年 9 月 29 日全国哲学社会科学工作办公室修订的《国家社会科学基金学术期刊资助管理办法》第 9 条、第 25 条第 2 项，等等。
② 1991 年 5 月 30 日发布的《中华人民共和国著作权法实施条例》（失效）第五条第（十）项。
③ 参见梅扬：《比例原则的适用范围与限度》，《法学研究》2020 年第 2 期。
④ ［德］H.F. 埃贝尔、［德］C. 布里费特、［美］W. 拉西：《科学写作的艺术》，应幼梅、丁辽生译，科学出版社 1991 年版，第 84 页。

求知欲和进一步阅读的需要。例如，《新时代检察权的定位、特征与发展趋向》一文脚注 ㉖ 是对正文中提到的 14 个罪名的详细列举。又如，《论个人信息侵权责任中的违法性与过错》一文脚注⑨是对正文中提到的有关过错与违法性区分问题之争论的展示。① 因此，注释的补充功能又可称为其延展功能，即延展论文的理论触角，但是应适可而止，否则就可能喧宾夺主，破坏注释扮演补充之角色。

第三，强化功能。强化作者在正文中的论证，使作者的论证更具说服力和感染力。可以运用注释对某个分论点进行强化论证，既不影响论文中各分论点之间的篇幅比例，又可以强化读者对作者思想深邃形象的认知。例如《比例原则适用的范式转型》一文，第 113 页脚注④对正文的论证实际上起着强化作用。②

第四，检索功能。注释方便编辑、同行检索作者搜集了哪些材料，修正、补充或者提出了哪些理论学说，运用了哪些方法写作论文，"可以根据引注信息追寻学术发展的脉络"③。如果是修正、补充已有理论的论文，那么作者要向编辑、同行展示论文修正、补充了哪些理论，以及此种修正、补充的过程；如果是提出新理论的论文，那么作者也要向编辑、同行展示新理论提出和检

---

① 参见苗生明：《新时代检察权的定位、特征与发展趋向》，《中国法学》2019 年第 6 期；程啸：《论个人信息侵权责任中的违法性与过错》，《法制与社会发展》2022 年第 5 期。
② 参见蒋红珍：《比例原则适用的范式转型》，《中国社会科学》2021 年第 4 期。
③ 何海波：《法学论文写作》，北京大学出版社 2014 年版，第 224 页。

验的过程。以上这些都需要运用到注释。

第五，展示功能。注释也是编辑、同行了解论文信息来源、作者知识面和知识深度的一条重要线索，对于论文的评审通过、最终采用有重要影响。这些信息包括事实性知识和理论性知识，前者如调查报告、统计数据、新闻报道、医学证明、司法裁判、政策法规，后者如公理、定律、定理、法理、学说、思想。例如，《数字法学的理论表达》一文的脚注展示了作者广博的知识、严谨的分析和深邃的思想。[1]

第六，美化功能。注释是将不宜放在正文、影响正文美感或者阅读流畅性的文字放到正文外而设置的论文附件。文内注和文外注各有优点，例如文内注方便编辑和同行阅读，文外注方便编辑、同行对注释有一个整体的、直观的了解，两者的优点互为彼此的缺点。当前的核心期刊绝大多数采取文外注，文内注已难觅踪迹。

在上述六大功能中，解释功能、补充功能和强化功能是注释的三大核心功能，检索功能、展示功能是注释的两大重要功能，美化功能是注释的一个形式功能。注释中的引文注可以"表明作者对前人成果的尊重"[2]，但这不是注释而是参考文献的主要功

---

[1]　参见马长山：《数字法学的理论表达》，《中国法学》2022 年第 3 期。

[2]　张积玉：《学术论文引文、注释和参考文献规范研究》，《河南大学学报（社会科学版）》1994 年第 3 期。

能。在一定程度上，检索功能和展示功能要附属于解释功能、补充功能和强化功能，美化功能也要服务于其他五项功能。

第二节　类　型

从不同的角度，可以给注释划分不同的类型。通常而言，可以从功能、内容、位置、标引者等四个角度对注释划分类型。

一、解释注、补充注和修正注

从功能上看，可以分为解释注、补充注和修正注。解释注是对论文中的概念、事件、人物、疑难等内容的解释、说明，典型的是对本学科内中等学术水平的同行不易理解的术语、概念、范畴、理论和观点的解释；补充注是对论文内容的补充和延展，典型的是对他人论文的补充性评论、为论文涉及的非主题性问题提供研究的线索；修正注是对论文内容的修正，典型的是对他人论文有错讹之处的校正、勘正。也可以将上述三种注释统称为解释补充修正注，以与引文注相对称。

以上三种注释如果篇幅特别短，可以用括弧置于被注释项后；如果较长，则单独置于页下或者文末。例如一些期刊规定，两行之内的注释，作前述处理；超过两行的注释，作后述处理。①

---

① 参见《关于本刊内容注释和参考文献注释体例的说明》，《哲学研究》2017 年第 10 期。

二、解释注与引文注

"注释，也叫注解，是对文章中有关词语、内容及引文出处等所作的说明。"①可见，从对象上看，注释可以分为解释注和引文注。前者是对正文中的术语、概念、范畴、命题、定律、规律、定理、公理、判断、观点、理论、学说等的进一步解释、说明；后者又叫出处注，是对引文具体出处的说明。作者可以把不宜放到参考文献中去的、未公开的材料放到解释注中，例如未公开发表的私人通信、档案资料、内部资料、书稿、古籍、无法查到原始出处的转引文献、未公开发表的会议发言。②那些要求将参考文献和注释分开胪列的期刊，解释注通常放在脚注或文末注中。那些要求将参考文献和注释统一放在脚注中的期刊，解释注和出处注也非常容易区分。例如《刑事案件的差异化判决及其合理性》一文，第148页脚注⑦是一个解释注，脚注⑧则是一个出处注。③

一些期刊从对象上将注释分为评论性注释与文献性注释。④此种划分忽视了解释注、补充注和修正注的存在，失之偏颇。

基于本章第一节对注释的定义，一些人质疑引文注存在的必

---

① 张积玉：《学术论文引文、注释和参考文献规范研究》，《河南大学学报（社会科学版）》1994年第3期。
② 参见《本刊"注释"和"参考文献"著录细则》，《四川大学学报（哲学社会科学版）》2007年第1期。
③ 参见周少华：《刑事案件的差异化判决及其合理性》，《中国法学》2019年第4期。
④ 例如《〈世界哲学〉注释与参考文献体例规范》，《世界哲学》2016年第2期。

要性和合理性。① 我们认为，从国际标准《ISO/R215—1986（E）文献工作——期刊和其它连续出版物的撰稿格式》制定的目的看，它并没有否定引文注存在的必要性和合理性，只是提出应将真正的参考文献单列于文末，以示与注释有别。更何况，作者引用了论著上的文字，并不代表他主要参考了该论著，当然也就并不意味着该论著就是论文的参考文献。

也有人根据解释、说明的对象，将解释注分为概念注、判断注、材料注等。② 如此细分，其实并不必要。在实践中，还存在将引文注进一步区分为直引注和转引注的做法。由于此种做法有学风不严谨、侵犯文献原始作者著作权之嫌，受到了人们的抨击。③ 但是也不能一概而论，当确实无法查到文献原始出处时，转引注也未尝不可。当然，转引注是不适合转化为参考文献的。

三、详注与略注

从内容上看，可以分为详注和略注。在列举理解正文内容对应的文献资料的基础上，介绍其内容的注，称为详注；只列举理解正文内容对应的文献资料的注，称为略注。④ 依上述定义，文

① 例如曹大刚：《学术期刊中的参考文献与注释辨析》，《西北大学学报（哲学社会科学版）》1999 年第 3 期；《〈现代大学教育〉参考文献及注释格式》，《现代大学教育》2007 年第 5 期。

② 参见刘进：《学术论文注释的功能及存在问题》，《出版科学》2014 年第 3 期。

③ 参见金铁成：《从著作权法的角度审核文后参考文献》，《出版发行研究》2002 年第 7 期。

④ 参见刘进：《注释辨惑——学术论文注释的必要性与适度性》，《编辑之友》2014 年第 9 期。

后参考文献的节略形式也可称为略注。例如《司法改革与法律职业激励环境的变化》一文，第 165 页的脚注①是一个详注，第 166 页的脚注④是一个略注。①

四、题头注与正文注

从位置上看，可以分为题头注和正文注。前者是对题目来源、收稿日期、作者信息、基金项目、支持单位或者个人等题头要件的说明，后者是对正文内容的补充、说明和解释。② 前者又可以根据位置进一步分为篇名注、作者注，后者也可以根据位置细分为段注、目注、节注、章注、编注、图表注、词语注。

篇名注、作者注是否分开，常依期刊的注释规定而定。有将篇名注和作者注合二为一的，有将它们分开的，没有一定之规。篇名注不可对题目来源以外的信息作过多交代，以避免注释过度。如果有大量的涉题信息要交代，可以放到正文导言中。

五、文内注与文外注

同样从位置上看，正文注可以进一步分为文内注和文外注。前者又称夹注、随文注，包括小字双行夹注和单行加括弧注；后者又称呼应注，包括段后注、目后注、节后注、章后注、编后注、文后注和页下注。文后注又叫作文末注、尾注，页下注又叫

---

① 参见吴洪淇：《司法改革与法律职业激励环境的变化》，《中国法学》2019 年第 4 期。
② 参见李可：《法学学术规范与方法论研究》，东南大学出版社 2016 年版，第 94—95 页。

作页末注、脚注、边注。在既有文外注又有参考文献的论文中，文外注应置于参考文献前。

当下国内只有极少数期刊仍采取文内注，绝大多数期刊采取文外注，即文后注或者页下注。当前经济学和社会学期刊采取的括弧注严格地讲不是夹注，因为它在文末有对应的、完整的参考文献。

六、原有注和新加注

这一分类是针对被校勘、翻译、评论、编辑的论文而言的，原有注又称自注，是指被校勘、翻译、评论、编辑的论文原来就有的注释；新加注又称他注、校注、译注、评注、编注，是指校勘人、翻译、评论员、编辑给被校勘、翻译、评论、编辑的论文加的注。如果一篇论文既有原有注，又有新加注，那么要使用恰当的方式予以区分。

第三节　要　求

对于期刊论文和学位论文而言，一个好的注释应当符合以下四条要求或者标准。

一、必要性

无论是文内注还是文外注，都应当以必要为限，如无必要，则不要作注。注释既不是论文的主体，也不是论文的装饰，更不是作者与同行互惠引用的交易工具，而是论文的有机补充部分。注释应当与论文直接或者至少间接相关，无关的注释属于滥注。滥注不仅浪费了宝贵的期刊版面和编辑、审稿专家和读者的时间精力，而且也淹没、冲淡了论文主要参考了的文献。

那么哪些注释是必要的，哪些注释是不必要的？必要与否的标准是什么？这在实践中不大好把握。一些人提出，与主题一致的文献，才值得引用。与论题相关的关键概念、论断要引注。[①] 这颇值商榷。我们认为，从反面划定注释的必要性范围，比较可行。我们发现，通常以下三类知识不必加注：

第一，常识性专业知识。论文是写给本学科内拥有中等及以上学术水平的同行看的，因此，那些对于中等学术水平的同行来说属于常识性的术语、概念、范畴、命题、定律、规律、定理、公理、判断、观点、理论和学说，就不必加注予以说明。一些编辑更提出，本学科的基本理论预设、基本原理和规则无须加注予以解释。[②]

第二，公知性事实材料。在论文写作和发表时，那些众所周知的历史事件、生活常识、新闻事件、国内法律法规，没必要加注予以说明。

---

① 参见何海波：《法学论文写作》，北京大学出版社 2014 年版，第 234、226 页。
② 参见徐雨衡：《学术论文繁琐注释与合理引注问题探究》，《出版发行研究》2011 年第 1 期。

第三，创新性专业知识。论文提出的新术语、新概念、新范畴、新命题、新定律、新规律、新定理、新公理、新判断、新观点、新理论和新学说，也不必加注予以说明，而是应当在正文中加以详细的阐述、证成和证伪。只有那些与上述创新性专业知识直接相关，但是又不便于在正文中予以交代的，且本学科内中等学术水平的同行比较陌生的术语、概念、范畴、命题、定律、规律、定理、公理、判断、观点、理论和学说，才有必要加注予以说明，以方便有兴趣的同行作进一步的研究。例如，"数字人身同一认定"是《数字人身同一认定的技术力量与规制》一文提出的新概念，无须加注说明，但与该概念直接相关的，不便于在正文中予以解释的"深度学习"，则有必要在第 150 页加注予以说明。①

二、客观性

注释无论是在形式还是内容上都应当客观真实、准确无误，不得伪造、变造、歪曲注释内容。客观性也要求作者在注释中引用他们的原话时不要断章取义，概括他人的命题、判断、观点、理论和学说时不要歪曲走样，夸大或者缩小。

三、规范性

是否作注、作注的位置、注释的内容等，都必须符合法律法

---

① 参见李学军：《数字人身同一认定的技术力量与规制》，《中国法学》2024 年第 1 期。

规、国家标准和期刊的规定，而且体例要前后一致。

四、完整性

无论是引文注还是解释注，都应当要件、标点齐全。与客观性要求相似，完整性也要求作者在注释中应援引同行的术语、概念、范畴、命题、定律、规律、定理、公理、判断、观点、理论和学说的完整意思，不要为了证成自己的理论和观点而截取他人的论述。

大概言之，上述必要性和客观性是注释的内容性标准，规范性和完整性是注释的形式性标准。以上四条标准，是一个合格的注释应当具备的起码要求，欠缺以上一条及以上标准的注释，不是一个合格的注释。

第四节　技　巧

规范、完整的注释是论文获得通过、采用的必要条件，同时，国内期刊的注释体例、格式又多有不同，编辑起来比较耗时费力。当前，有以下三种编辑技巧，可以节约作者编辑注释的时间和精力。

一、计算机软件自动编辑。选择、下载市面上安全性高、使用便捷的注释编辑软件，可以根据不同期刊、学位授予单位的要求自动编辑注释，效率高且错误少。对于日常写作量比较大的作者，建议首选此种注释编辑技巧。

二、向期刊和学位授予单位索要注释模板。在没有注释编辑软件，或者没有熟练掌握编辑软件的情况下，可以向拟采用自己论文的期刊或者学位授予单位索要注释模板，根据模板编辑和修改论文的注释。

随着互联网、大数据和人工智能等计算机科学技术的发展，注释的编辑必将由人工编辑走向机器编辑，每家期刊和学位授予单位也将开发出自己的注释编辑软件。

三、请专家给自己的论文编注。可以请图书馆专业和本学科的专家给自己的论文编辑、检查注释，以保证注释必要、客观、规范、完整。至于是先请图书馆专业的专家给自己的论文编注然后请本学科的专家给自己的论文核注，还是先请本学科的专家给自己的论文编注然后请图书馆专业的专家给自己的论文核注，没有一定之规，全凭作者的偏好。

无论采取上述何种编辑技巧，有一点是必须始终牢记的，即在论文写作过程中，应当一边组织论证，一边在必要作注的地方插入注释，以免论文完成后忘了作注，或者忘了注释的具体出处，或者不知在哪里作注。

第五节　常见问题

法学论文写作中注释的常见问题有以下六种：不完整、不规范、不必要、互惠引用、文注不分、文注不对。

一、不完整

法学论文注释不完整的问题主要体现在责任者、文献名、出版社或期刊、出版年或年期、页码或版面等五个要件中缺一个及以上要件的现象。当然，注释不完整还包括标点符号缺失，例如注释末尾缺中文或外文句号的现象。

二、不规范

严格地讲，注释不完整也属于不规范的情形，但此处说的不规范主要是指以下三种情形。

（一）违反规定。不符合国家标准和期刊规定的情形，例如给摘要、关键词加注。一些期刊甚至规定，不能给结论加注。[①]如果给这些期刊投稿，就应当遵守它的此种特殊规定。至于此种规定是否妥当，则另当别论。

（二）体例不一。在同一篇论文中注释体例前后不一的情形，最常见的情形是学报体、专业期刊体、综合人文社科体混杂；其次是将引文注编辑成文后参考文献的著录格式。[②]

（三）位置错置。在设计夹注时错误选择注释位置，将应当放到注释中的内容置于参考文献中。

上述三种情形中，违反国家标准属于注释严重不规范的情

---

① 参见石小梅、石春让：《学术论文注释编辑过程中的问题与策略》，《编辑之友》2018年第 3 期。
② 参见张积玉：《论社会科学报论文关键词及其标引规范》，《吉林大学社会科学学报》2006 年第 6 期。

形。至于学报体、专业期刊体、综合人文社科体混杂，如果期刊允许，则是期刊办刊风格或者办刊不规范的问题，与作者不相干。

三、不必要

一些作者违反注释的必要性原则，给论文添加了赘注。根据不同原因，又可进一步分为如下三种情形：

（一）常识注。一些人则由于本身学术水平低下，满眼尽是生疏的理论知识，都要对这些知识加注予以说明。这就是人们所说的，对常识加注。①

（二）重复注。它也包括如下三种情形：第一，在注释中重复形式不同但意义相同的条目，甚至是形式和意义都相同的条目。第二，重复正文的内容。第三，重复参考文献的内容。前面两种情形是作者认知能力导致的，责任全在作者，第三种情形并不一定是作者认知能力导致的，有时期刊规定注释中的文献信息必须集中体现在参考文献中，这必然导致注释重复参考文献的内容。

（三）装饰注。一些作者受西文期刊的影响，盲目追求注释的种类、数量和篇幅，以至于把注释当作论文的装饰和炫耀自己知识广博的工具，使大量与论文无关的注释及内容出现在注释

---

① 参见刘进：《学术论文注释的功能及存在问题》，《出版科学》2014 年第 3 期。

栏中。

以上三种情形中，常识注、重复注大都是作者水平低下所致，装饰注则是作者学术不严谨、学风败坏导致的。

四、互惠引用

在以引用率作为衡量期刊、作者学术影响力之重要依据的当下，互惠引用随之出现。互惠引用违反了引用和注释的必要性原则、客观性原则，是一种严重违反学术规范的失德行为。例如，本来不必要引用某作者的论文的，或者应当引用其他作者的论文的，但是考虑到该作者也引用自己的论文，就引用了该作者的论文。

五、文注不分

注释是对题目、作者、正文内容的补充、说明或者解释，如果将本来应当在正文中叙述的内容放到注释中，那么就是对注释上述功能的误用，就发生了"文注不分"的怪象。例如何海波发现一篇讨论征收补偿协议法律性质的论文，对正文中的"民事契约论"之正确与否的问题，放到注释中讨论。[①] 这就是典型的"文注不分"。

六、文注不对

有些内容确实应放到注释栏中，但是没有跟正文内容形成精

---

① 参见何海波：《法学论文写作》，北京大学出版社 2014 年版，第 269 页。

确的对应，本来跟正文 A 部分对应的注释，却跟正文 B 部分发生了对应，从而发生了"文注不对"的错误。

上述六类注释问题或有部分交叉，或发生在同一篇论文甚至同一个注释之中，值得引起每一位法学工作者的注意和重视。

思 考 题

1. 论文注释有哪些主要功能？

2. 论文注释应符合哪些要求？

3. 编辑注释有哪些技巧？试举例说明。

第十三讲

参考文献是参考了的文献

参考文献是作者撰写论文时参考了的、但未必在正文和注释中出现的文献，是编辑和外审专家了解论文事实性知识和理论性知识之来源及结构的重要"窗口"。

"在一篇完整的论文中可以没有注释，但不可以没有参考文献。"①这话说得有点绝对，参考文献作为论文的附件，不是论文的必要组成部分。但是有了参考文献，编辑、同行和读者就可以便捷地了解论文的事实性知识和理论性知识的来源及结构，从而初步预估论文对已有理论的推进情况。因此，它对于作者展示论文的理论高度和论证深度具有重要价值。同时，参考文献编辑得是否规范，也可以反映作者治学的严谨程度。

第一节　定　义

参考文献又称"参考资料""参考目录""有关文献"，是指论文写作时主要参考了的文献资料。它不一定出现在正文和注释中，尤其是那些作者主要参考了的，但是认为并不必须在正文和注释中予以标注的文献。不过，没有在正文及注释中标注，不说明它不重要。

在 20 世纪 90 年代以前，国内期刊并不要求有参考文献，相

---

① 　王振德：《对论文注释和参考文献的再认识》，《中国报业》2021 年第 12 期。

反一些期刊甚至在付印前把来稿中的参考文献删除。直到 21 世纪初，"仍然存在某些学术期刊编辑为了节省版面或省事而略去参考文献的现象"①。今天，参考文献已成为国内多数期刊尤其是大学学报、综合性人文社会科学期刊的必要要件，而且规定了严格的格式、体例和数量。

在期刊界，一些人认为参考文献必须是公开发表的文献，②另一些人则认为未必一定是公开发表的文献，一些不公开的文献，例如学位论文、档案资料、技术报告、党政文件，也可以作为参考文献。③从同行可以借助参考文献检验论文结论的角度看，只要人们可以通过官方渠道检索、查找到的文献资料，都可以列为参考文献。

从总体上看，参考文献具有补充功能、展示功能、检索功能、评价功能和美化功能等五大功能。

第一，补充功能。补充作者主要借鉴、参考了的，但是没有出现在正文和注释中的重要文献资料，从而有利于编辑、外审专家和读者了解作者创作的全部事实性和理论性信息源，有利于同行在从事同类研究时进行延伸性阅读，有利于形成尊重被借鉴作

---

① 金铁成：《从著作权法的角度审核文后参考文献》，《出版发行研究》2002 年第 7 期。

② 参见《本刊"注释"和"参考文献"著录细则》，《四川大学学报（哲学社会科学版）》2007 年第 1 期；王振德：《对论文注释和参考文献的再认识》，《中国报业》2021 年第 12 期。

③ 参见曹大刚：《学术期刊中的参考文献与注释辨析》，《西北大学学报（哲学社会科学版）》1999 年第 3 期。

者之知识产权的学术风气。

同时，参考文献的上述补充功能也决定了，参考了的文献不能构成论文的主体部分，也不能构成论文的主要观点和主要结论，否则论文就失去了写作的必要。

第二，展示功能。向编辑、外审专家和读者完整展示论文的事实性和理论性信息源、作者知识结构的广度和深度、研究的起点和终点、作者治学的态度和方法。对于同行而言，他们可以根据这些文献，按照作者的论证方法、思路和程序检验论文的研究结论。

第三，检索功能。便于图书管理人员编制二次文献和从事文献学研究，同行、读者检索、核对与论题相关的文献资料。

第四，评价功能。虽然作者在参考文献中无法以文字的形式对被参考的文献作出评价，但是他主要参考了该文献这一行为，本身就是对它的评价。尤其是当他以文献的重要程度为标准对参考文献进行排序时，参考文献表更是发挥了它的评价功能。例如，《法学家》要求作者在文末列举主要参考文献，这客观上能够显示哪些文献对作者撰写该文是比较重要的。如果运用引文分析法，根据某一领域一定期间的若干论著的参考文献，期刊和论著评价机构就可以对目标论著的影响力进行评价。

同时，编辑、同行也可以通过参考文献对论文的理论创新程度作出一定的预估。"当你选择的文献清单中没有一篇是自己专业专家们公认的有水平的学术论文时，你本身的那篇论文以及论文中的工作是不可能被专业的同行们认可的。"[1]

第五，美化功能。将参考文献单列在文末或书末，可以美化、节省论著的版面，方便同行一边阅读一边思考。

以上五大功能中，补充功能、展示功能是参考文献的两大核心功能，检索功能和评价功能是参考文献的重要功能，而美化功能仅是参考文献的形式功能或者附属功能。参考文献的检索功能、评价功能和美化功能要服务或者服从于其补充功能和展示功能。

第二节　类　型

从不同的角度，参考文献可以分为不同的类型。从出现的形式、内容或者功能、位置等角度，可以把参考文献划分为以下类型。

一、征引文献与参考文献

从是否出现在正文和注释中看，可以将参考文献分为征引文献和参考文献。前者又叫引注文献、引文参考文献，是作者在正文及注释中引用了的文献；后者又叫阅读型参考文献，是指作者主要参考了的，但是并没有出现在正文及注释中的文献。通常前者要标明引文所在的页码或者版面，而后者则不必。

---

[1]　冯长根：《博导、博士生科研复述和杂谈（25）——参考文献是什么文献?》，《科技导报》2012 年第 25 期。

一些期刊所谓的"参考文献"，仅指论文引用了的文献，即征引文献，也就是下述引文出处文献和观点出处文献。[①] 显然，此种限缩不符合本章第一节对参考文献的定义，也与期刊界和学界对参考文献的主流认知相左。

二、引文出处文献与观点出处文献

从内容或功能上看，可以将参考文献分为引文出处文献和观点出处文献。前者是指标注引文出处的参考文献，后者是指标注正文中的观点出处的参考文献。[②] 这两种参考文献都需要标明引文或观点所在页码或版面。

三、文内参考文献与文末参考文献

从出现的位置上看，可以分为文内参考文献和文末参考文献。前者比较少见，后者是一种通行做法。依出现的位置，前者又可以进一步分为段末、目末、节末、章末、编末参考文献。

以上分类有利于纠正学界在参考文献上的一些不恰当的认识，规范参考文献的标引，节省编辑和外审专家的时间精力。

第三节　要　求

一个合格的参考文献，通常应当满足必要性、真实性、完整

---

① 参见《本刊"注释"和"参考文献"著录细则》，《四川大学学报（哲学社会科学版）》2007 年第 1 期。

② 参见李可：《法学学术规范与方法论研究》，东南大学出版社 2016 年版，第 94 页。

性、规范性、最新性、最优性、原始性和有序性等八个要求或条件。

一、必要性

参考文献必须是论文主要参考了的文献，如果不是主要参考甚至没有参考的文献，则不能作为参考文献。那种认为参考文献可以是作者在论文中提及过的文献的观点，无疑是偏颇的。[①] 如果数个主要参考了的文献内容大致相同，那么著录其中一个或者数个有代表性的权威文献即可。例如，《知识产权理论的体系化与中国化问题研究》一文涉及的时间跨度非常长、文献非常多，因此文末只能胪列最具代表性的权威文献。[②]

二、真实性

参考文献必须是真实存在的，而不是作者为了增强论文的吸引力而伪造、变造的文献。同时，作者主要参考了的文献，应当作为参考文献条目，不能因为个人恩怨、学术声誉竞争，或为了掩盖论文的创新点来源等不作为参考文献条目。

三、完整性

参考文献应当按照通行的标准要件齐备，应当"不多不少"。现实中比较常见的"少"是一些被人们认为的次要要件缺失，例

---

① 参见何海波:《法学论文写作》，北京大学出版社 2014 年版，第 249 页。
② 参见吴汉东:《知识产权理论的体系化与中国化问题研究》，《法制与社会发展》2014 年第 6 期。

如版本项、出版地；"多"是责任者后多"著""合著""编""合编""主编"等字样。

四、规范性

选取、排列参考文献，必须遵守法律法规、国家标准、行业标准和期刊标准，尊重他人的知识产权，尊重知识创新的学术规范。[①] 例如一些学位授予单位和期刊规定，如果是外国作者，应当注明国别；如果有译者，应当注明译者。

五、最新性

除非是为了进行版本对比和人物、学派思想变迁史研究，对于同一文献，应当将最新版本作为参考文献。

最新性同时也指，作者必须参考论文所在领域最新的、最前沿的文献资料。不站在本领域理论的最前沿，就无法据此把论文的理论高度往前提升一小步。

六、最优性

如果旧版例外地优于新版，那么作者应当以注释的形式予以说明。一方面为论文将旧版列为参考文献提供正当性，另一方面也可以提醒同行以后注意引用其旧版。

最优性的另一层含义是，作者必须胪列论文所在领域理论水平最高的文献。只有参考代表本领域最高理论水平的文献，论文

---

① 参见《文后参考文献著录规则（GB/T 7714—2005）》《信息与文献 参考文献著录规则（GB/T 7714—2015）》。

才能对本领域的理论有所推进。"参考文献是那些为推动你的科研前进发挥了一流作用的文献。"[①]

七、原始性

在引用术语、概念、范畴、命题、定律、规律、定理、公理、判断、观点、理论和学说的出处时，应当寻找其原始的、最早的文献，不应当引用二手的、转引的文献，即使该文献最初出现在互联网。"同一观点有多人表述的，应引注最早的著作。"[②]例如，"积极主义法律监督观"最早出现在《数字赋能让新时代检察监督更具活力》(作者钱建美，《检察日报》2021年11月19日，第003版)，但这是一篇会议报道，该理论最早的倡议者嗣后发表了专论《论数字时代的积极主义法律监督观》(作者胡铭，《中国法学》2023年第1期)。因此，如欲以之为参考文献，必须引用该专论。

八、有序性

必须按照国家标准、行业标准和期刊的规定对参考文献进行分类排列，每一类也应当按照一定的标准排序，而且应当在"参考文献"的标题下以括注或者不同字体予以说明。参考文献的语种、参考文献的重要程度、参考内容的先后顺序、作者姓氏首字母拼音

[①]　冯长根：《博导、博士生科研复述和杂谈（25）——参考文献是什么文献？》，《科技导报》2012年第25期。

[②]　何海波：《法学论文写作》，北京大学出版社2014年版，第234页。

或者笔画等，都可以作为排序标准。例如，《知识产权"入典"与民法典"财产权总则"》一文的参考内容似是按照重要程度，兼采时间先后标准排序的。一些作者认为不是主要参考了的文献，就没有放到文末参考文献中。[①] 在语种上惯常的做法是先中文后外文。

以上八个条件中，必要性、真实性、最新性、最优性和原始性是参考文献的内容性条件，完整性、规范性和有序性是其形式性条件。在内容性条件中，最新性和原始性条件要服从于最优性条件。有期刊还提出，参考文献应当具有广泛性，并强行要求对同一期刊论文的引用不得超过两篇，参考文献不得少于十条。[②] 显然，这一机械要求是违反参考文献著录的必要性、真实性的。参考文献的著录应当实事求是，不能为了所谓的量化考核的指标而刻意增减。

第四节　技　巧

在编辑参考文献时，掌握如下三条技巧，可以达到事半功倍的效果。

一、机器编辑法

使用计算机软件自动编辑参考文献。当下市面上有许多自动

---

① 参见吴汉东：《知识产权"入典"与民法典"财产权总则"》，《法制与社会发展》2015 年第 4 期。

② 参见《〈重庆大学学报社会科学版〉参考文献著录规范》，《重庆大学学报（社会科学版）》2021 年第 5 期。

编辑参考文献的软件，不仅效率高，而且还有自动纠错功能。例如 EndNote、Biblioscape 和 NoteExpress。[①]

二、注释归并法

对注释进行增减。由于参考文献是论文主要参考了的，但是并不一定出现在正文及注释中的文献，所以可以将注释直接转换为尾注。删除非主要参考的文献，增加主要参考了的，但未出现在注释中的文献，就成了参考文献。

三、笔画或者拼音排序法

按一定的标准对参考文献进行排序。当参考文献种类、数量较大时，为了避免出现重复罗列参考文献条目的情形，可以按照作者姓氏首字的笔画或拼音、出版或发表时间等对参考文献进行排序，这样是否重复罗列参考文献条目，就一目了然了。

在采取上述编辑技巧时，要注意三点：一是要注意参考文献与注释之间的区别，例如参考文献不能有页码，不能有文字性说明，不能有"参见""转引自"等字样；二是如果要求参考文献与正文内容对应，那么在写作过程中就应当及时标注参考文献，以免事后遗忘；三是要始终牢记胪列参考文献的目的主要是展示论文的事实性和理论性信息之来源。

---

① 参见蔡敏：《三种常用参考文献管理软件比较研究》，《现代情报》2007 年第 10 期。

第五节　常见问题

在编辑参考文献时，经常出现的问题有如下六种：将参考文献混同于注释，将参考文献混同于征引文献，重复罗列参考文献条目，参考文献条目要件不完整，胪列二次、三次文献，任意增减参考文献。

一、将参考文献混同于注释

对于研究生和青年学者来说，经常将参考文献混同于注释，甚至将一些非参考文献属性的条目也作为参考文献对待，例如解释性注释、法律法规、司法解释、指导性案例和标准。一些作者甚至直接将注释转换为参考文献，而不作任何修改和增减。

二、将参考文献混同于征引文献

一些作者将参考文献混同于征引文献，有的作者甚至期刊将文末的"参考文献"标题直接代之以"征引文献"。一些期刊在页下标注参考文献，在文末标注征引文献。

三、重复罗列参考文献条目

一些论文重复罗列参考文献条目，一方面浪费了宝贵的期刊版面，另一方面也容易引起编辑、同行的不适感。

四、参考文献条目要件不完整

在编辑参考文献时，经常出现个别甚至大量条目责任者、文献名、出版社或者期刊、出版时间等要件不完整的现象。在学位授予单位和期刊要求对外国作者的国别、译者予以注明的情况下，不注明国别和译者的情形，也属于参考文献条目要件不完整的情形。

五、胪列二次、三次文献

胪列节本、转载、文摘、摘要等二次甚至是三次文献，是对出版者的不尊重，是对参考文献应当胪列全本、原载原则的违反。

六、任意增减参考文献

这种情况既发生在作者身上，也发生在编辑身上。为了满足规定篇幅、互惠引用、将参考文献作为学术交易筹码等需要，有的作者或者编辑经常增减参考文献。但是，参考文献是作者客观上主要参考了的文献，与论文有着内在的、有机的联系，岂容任意增删？

思 考 题

1. 试述参考文献的主要功能。

2. 一个合格的参考文献应符合哪些要求？

3. 编辑参考文献有哪些基本技巧？

参考文献

一、著作

（一）中文著作

1. 陈瑞华：《论法学研究方法》，法律出版社 2017 年版。

2. 何海波：《法学论文写作》，北京大学出版社 2014 年版。

3. 梁慧星：《法学学位论文写作方法》（第 3 版），法律出版社 2017 年版。

4. 李可：《法学方法论》，贵州人民出版社 2003 年版。

5. 李可：《法学学术规范与方法论研究》，东南大学出版社 2016 年版。

6. 张力：《法学论文写作》，高等教育出版社 2018 年版。

7.《中外法学》编辑部：《经验与心得：法学论文指导与写作》，北京大学出版社 2017 年版。

（二）中文译著

8.［美］罗伯特·K.默顿：《社会理论和社会结构》，唐少杰、齐心等译，译林出版社 2015 年版。

9.[美] 乔纳森·H.特纳：《社会学理论的结构》（第 7 版），邱泽奇、张茂元等译，华夏出版社 2006 年版。

10.[英] 马克·布劳格：《经济学方法论》，黎明星、陈一民、季勇译，北京大学出版社 1990 年版。

二、论文

11. 曹大刚：《学术期刊中的参考文献与注释辨析》，《西北大学学报（哲学社会科学版)》1999 年第 3 期。

12. 陈青云：《学术论文论点创新发生机制与创新方式》，《长江大学学报（社会科学版)》2012 年第 6 期。

13. 丁铁：《论文选题漫谈》，《大庆社会科学》1998 年第 3 期。

14. 冯长根：《博导、博士生科研复述和杂谈（25）——参考文献是什么文献?》，《科技导报》2012 年第 25 期。

15. 高旺：《文科学生学位论文论证方法刍议》，《中国青年政治学院学报》2008 年第 2 期。

16. 金铁成：《从著作权法的角度审核文后参考文献》，《出版发行研究》2002 年第 7 期。

17. 李响：《论学术见解享有著作权保护的理由》，《安徽大学学报（哲学社会科学版)》2014 年第 4 期。

18. 刘进：《学术论文注释的功能及存在问题》，《出版科学》2014 年第 3 期。

19. 吴二持：《论胡适对治学方法与材料的深刻认识》，《学术界》1997 年第 2 期。

20. 邓勇：《法学论文中文摘要规范化探析》，《当代法学》2005 年第 3 期。

21. 尹海洁：《证伪：社会科学研究的可能与必然——兼与张杨商榷》，《社会》2009 年第 4 期。

22. 徐明明：《论科学研究思路》，《宁波师院学报（社会科学版）》1995 年第 1 期。

23. 张积玉：《论社科学报论文关键词及其标引规范》，《吉林大学社会科学学报》1993 年第 6 期。

24. 张积玉：《学术论文引文、注释和参考文献规范研究》，《河南大学学报（社会科学版）》1994 年第 3 期。

25. 章奇：《社会科学中的因果关系及其分析方法》，《浙江社会科学》2008 年第 3 期。

26. 周大鸣：《如何确立学术问题——文献综述撰写的目的与方法》，《广东技术师范大学学报》2021 年第 4 期。

27. 严中平：《关于选择研究题目》，《高教战线》1984 年第 12 期。

28. 王振德：《对论文注释和参考文献的再认识》，《中国报业》2021 年第 12 期。

29. 支运波:《人文社会科学研究中的文献综述撰写》,《理论月刊》2015 年第 3 期。

后　记

后记是写在书后交代前言及书中不适合交代的事情，主要是该书撰写的缘由、目的、过程，材料的主要来源，出版的过程和对为写作、出版提供帮助的人或单位表达感谢。[①]

一、写作的缘起及目的

如果从第一次走上大学讲坛算起，至今我已在法学院系执教二十四年了。在这近四分之一个世纪的教学生涯中，"法学论文写作"是我常上的课，也是我总觉得底气不足、有愧于学生的课。经与同事交流发现，此种执业心理是共通的、常见的。推其原因，不在于这门课授课的频率和时间，而主要在于到目前为止，这门课没有一本众口称是的，适合本科生、硕士生尤其是博士生学习和青年教师培训的教材。在目前已出版的三十来本法学论文写作教材中，比较有影响、学界认可度较高的屈

---

① 参见李可：《法学学术规范与方法论研究》，东南大学出版社 2016 年版，第 211 页。

指可数。① 这些法学论文写作教材，从理论—技术的角度看，可以分为如下三种。

　　第一种是理论型教材。这种教材大都以著作或论文集的形式出现，主要阐述抽象的写作理论，也辅以写作案例，但是这些案例基本上是作者的论著。这种教材可以加强学员的理论功底，尤其是当学员与作者的研究领域相同时，更能给学员以强大的理论冲击和智识熏陶。由于它假定了学员具有相关的理论背景，所以它比较适合青年教师和博士生，而不大适合硕士生和本科生，更无法为本硕学生提供一种实操性的写作指导。

　　第二种是技术型教材。这种教材大都由数人编撰，主要讲解具体的写作技巧，剖析主要来自作者指导的学位论文，几乎不涉及抽象的写作理论，更遑论基础性的学术理论。这种教材可以传授学生和青年教师写作的具体技巧，但是无法提升他们的理论素养和学术境界。

　　第三种是理论与技术结合型教材。这种教材通常首先阐述抽象的写作理论，然后讲解具体的写作技巧，最后剖析一个个写作案例。照理讲，此种教材比较适合当前学生学习和青年教师培训，但是仔细翻阅这些教材发现，它有一个致命缺陷，即没有一

① 比较有影响的教材有如下四本：梁慧星：《法学学位论文写作方法》，法律出版社 2006 年第一版、2012 年第二版、2017 年第三版；焦洪昌主编：《法学论文写作：方法与技巧十讲》，中国法制出版社 2020 年版；何海波：《法学论文写作》，北京大学出版社 2014 年版；陈瑞华等：《法学论文写作与资料检索》，北京大学出版社 2011 年版。

条贯穿教材始终的理论红线，作者也没有提出一个理论假说，并在嗣后的论述中加以检验。仅从这一点上看，这些教材本身就违反了论文写作的基本原理及规律。

如果将写作理论和基础性学术理论称为"道"，而将写作规程和技术称为"器"的话，那么当前的理论与技术结合型教材仅做到了形式上的道器结合，而没有做到实质上的道器结合，即没有一个作为实质和灵魂的道，并将该道贯穿于器之始终。目前的法学论文写作教材中，技术型教材居多，理论与技术结合型教材次之，而理论型教材最少。当前我们急需一本道器实质融合的理论与技术结合型的法学论文写作教材。

在集体备课中，经过讨论交流，发现在教学过程中，从教师的角度看有如下三点困惑难以解决。

一是难以捕捉和定位教学的核心和重点。有教师认为教学的核心是如何确定选题，重点依次是根据该选题搜集整理材料、提出基本的理论假说、选择适合的论证方法；有教师则认为教学的核心是如何确定研究范围，重点依次是根据研究范围搜集整理权威的或者有代表性的论著，在阅读这些论著的过程中形成自己的论点，再搜集整理经验性论据以证明自己的论点；还有教师认为教学的核心是如何发现已有理论的不足或者矛盾之处，重点依次是尝试对这些理论予以补足或调和、选择适合的方法论证自己的补足或调和方案、搜集整理权威论著和经验材料证成自己的方案。

二是难以将论文写作化约为一套有着先后顺序、轻重缓急、重点难点疑点的操作规程。在论文写作讨论中，一些教师提出写论文就是多看论著，看多了自然就有想法或困惑，然后把这些想法写下来，或者解决这些困惑，论文自然就写好了；一些教师则认为写论文就是紧密追踪前沿理论和热点，发现自己能说得上话的地方，就把这些话记录下来，论文也就形成了；还有一些教师认为写论文就是围绕困惑了法学家几个世纪的那么二十来个理论难题，阅读中外经典论著和搜集整理法律经验现象，然后在前人的基础上尝试解决这些难题。

三是不知如何向学生演示理论创新的过程。多数教师将创新解释为论文在论题、论点、论据、论证等方面显得与同类论著不同；少数教师甚至认为论文通过查重，在规定的重复率之下就算是创新；只有极少数教师坚持创新应是提出了与已有理论不同的新理论。

对学生的访谈中发现，在法学论文写作课学习过程中，同学们普遍存在如下三点困惑有待解决。一是多数学生上了"法学论文写作"课后，仍和之前一样，写作水平没有明显提高。有的直言没有任何提高，言外之意是，除了获取两个学分外这门课浪费了他们学习其他知识的时间精力。二是上了该门课后，仍难以甚至无法评判一篇论文学术水准的高低。一些人仍然直觉地、简单地以刊载的杂志之档次或者作者之身份来衡量论文的学术水准。三是认为教材缺乏相应的实例，或者相关实例的权威性、代表性严重不足，致使他们上了该门课仅掌握了一些抽象的写作理论，没有获得实际的写作能力。

当然，上述问题出现的原因是复杂的、多维的。客观地看，至少有如下四个方面的原因一起导致了此种现象的发生。

一是教师的原因，即教师的教学水平低下，或者理论功底薄弱。如果教学水平低下，再好的教材也难以取得良好的教学效果；如果理论功底薄弱，就难以甚至无法理解教材上的写作理论，更遑论将之运用到写作实践中。

二是学生的原因，即学生的理论功底或者悟性不够。如果学生的理论功底薄弱，悟性不高，也难以理解教材上的写作理论和基础性学术理论，更无法将之运用到写作实践中。这种情况甚至导致负责教学的学院和研究生院主管领导提出该门课程是否有必要开设的问题。

三是制度的原因，即当前中国尚未发育出成熟的学术共同体、健全的学术评价体系和论著评价标准。实践中，发表熟人化和市场化，学术评价行政化和圈子化，客观上扰乱了正常的论著评价秩序和法学研究生及青年学者的正常学术心态，甚至使部分人产生"学术无用论"和"唯发表论"的畸形价值观。他们讥笑那些追求学术的同行，认为只要把论文发表到核心甚或权威刊物上的学者，就是成功的学者；而没有把论文发到指定刊物上的学者，则是失败的学者。

四是教材的原因，即没有一本众口称是的，一根理论红线贯穿始终的，学术化、系统化、体系化的法学论文写作教材。如果没有一本以学术为导向的教材，即使有教学水平高的教师、悟性高的学生，也难以取得良好的教学效果。同时，教材也是一门课程建设是否成熟、完善的重要标志，它承载了开课的宗旨目的、目标任务、基本要求、重点难点和教学内容。

以上四个原因中，教材的原因应当是首要的、主要的原因，制度的原因应当是次要的原因，教师的原因、学生的原因应当是最不重要的原因。自改革开放恢复法学教育至今，中国法学的发展已有近半个世纪的历史，法学院系中不乏理论功底深厚的教师和悟性极高的学生，虽然发表熟人化、学术评价行政化在一定程度上挤压了正常的学术空间，但是在狭小的学术空间中，潜心学术的法律人仍有一定的作为，仍能通过艰苦的学术训练和高深的学术修为获得学界的普遍认同。

事实上，没有一本众口称是的、适合各个层次学生的教材，影响了"法学论文写作"这门课程的教学效果，也不利于法学学生和青年教师掌握科学的、公正的论著评价标准和评价方法，还不利于期刊界形成科学的、公正的论文评审机制和用稿机制。由于实质标准和实质规范之缺失，也由于写作理论与写作技巧未能有机融合，法学论文写作课的师生有的未能从态度甚至行动上重视这门课程，往往抱着敷衍塞责的心态来授课或学习。一些教师本身不知也不愿知学术为何物，一些教师则将学术神秘化，未能窥见学术之道，于学术之器也仅知皮毛。由于不知教学的核心，也难以把握其重点难点疑点，一些教师把大量的时间精力放在向学员讲解学界公认的三本权威刊物和十六本核心刊物的论文上，无形中将刊物的行政级别学术化，并导致其独立的学术质量评价标准的自我放弃。由于将法学论文写作技术化，甚至庸俗化为论文发表的技巧，一些教师孜孜于向学员传授将论文发表到指定刊物的"秘笈""宝典"，而这些"秘笈""宝典"绝大多数与学术无关。技巧化、功利化地对待法学论文写作的后果，只能是使师生们俱与学术渐行渐远。由于缺乏高质量的法学论著的足够供给和高水平的法学群体的大力加持及监督，期刊界出现一股市场化、功利化地对待法学论著的风气。

也正是在上述背景下，带着这些困惑，我志愿到祖国最西北的某法学院任教，期待在一个远离浮华和喧嚣的、安宁静谧的空间中，思索问题的解决之道。到了那个自然条件艰苦、物质与信息匮乏、与外界交流不便、学习和工作任务繁重的地方，恰逢新冠肆虐，我不得不定期汇入人流去做核酸检测、线上给学生们授课，而大部分时间则一个人呆坐在书房苦思冥想。也就是在一边不情愿地使用现有的教材授课，一边努力撰写自己心中的理想教材的过程中，突然有一天，我开悟了。那一天，我终于发现，人们之所以在内心深处对现有教材不那么满意，是因为这些教材大都一开始就没有从学术出发，在尊重学员的思维习惯和学习规律的前提下，逻辑地展现学术的本质，研讨学术的机制机理，发现论文的目标任务。不从学术出发的教材，大抵只能传授给学员以论文之形式，而无法让他们领悟论文之实质。那些浓得化不开的，甚至以类似格言的形式撰写的教材，可能仅适合理论功底比较深厚的学员星夜冥坐体悟。而那些通篇只谈写作技巧、完全程式化的教材，虽然适合理论功底一般的学员的使用，但是毫无疑问，它只能教会学员写出一篇篇中规中矩，甚或光鲜亮丽却毫无神韵的法学论文。

在深刻把握了学术与论文，或者说道与器之间的上述辩证关系后，我的法学论文写作教材之撰写，也就如同我的学术一样，进入了一个崭新的境界。我一边尝试将自己悟到的学术之道运用到论文写作和对研究生论文的指导中，一边一有空就搜集、阅读材料撰写本书。我努力还原学生和青年教师写作论文的真实过程，将论文写作分解为十三个前后相继的有机环节，让他们在"原乎本情"的、轻松愉快的氛围中快速掌握论文写作的要领。在整理近四分之一个世纪的授课经验的基础上，我将每个论文写作环节中学员可能遇到的问题进行了归纳总结，并提供了相应的解决方案。我力图做到以道导器、道器融合、以器显道，以

"学术就是有所发现，并从发现中整理归纳出若干规律、原理"为理论红线，贯穿于本书之始终。

二、创新被认可的程度及改进

创新是论文和学者的生命，没有创新，论文将不成其为论文，学者也将终结他的学术生命。论文之创新体现在它的论题、论点、论据和论证四个实质要件上；学者之创新体现在他提出了新的术语、概念、范畴、命题、判断、观点、理论和学说，发现了新的规律、定律、定理和公理。其中，论证之创新主要是指作者观察之角度、运用之方法的创新。创新之本质是描述、解释、预测和规范了新的法律现象，发现其生成、运行的规律；或者对旧的法律经验现象作出了新的解释、预测和规范，和发现其发生、发展及消亡的新规律。创新之法门在于发现现有理论解释不了，或不能很好解释，或解释起来相互矛盾的法律经验现象，采取"先归纳后演绎"的方法，从中提炼一个理论假说，然后搜集更多的论据验证该假说。

当然，从无到有的完全创新无论是在自然科学还是人文社会科学中，都是非常困难的，人类社会迄今为止大多数创新是"站在巨人肩膀上"的累积性创新。创新从本质上看是一项集体性工作，绝大多数情况下个体能做的是为集体的"创新之树"添枝加叶而已。从创新程度上看，可以将人文社会科学中的创新分为完全创新和不完全创新，或者首倡型创新和改进型创新。当今学界，能够进行首倡型创新的论文和学者，少之又少。也因如此，作者应诚实地表明其创新的来源，例如受谁的启发，得到谁的帮助，该概念、观点和理论最先是谁提出的。这些都是创新应当遵守的伦理前提。① 从可识别的程度上看，为了吸引编辑和外审专家的注意从而发表论文，作者通常尽可能地应在题目、目录、摘要、关键词、引言和结语等处体现其创新点。

在创新稀缺、评判标准被行政化和圈子化的当前学界，创新又被认可到何种程度呢？下面我仅以学界比较认可的三本刊物2019 年 7 月 28 日至 2024 年 7 月 28 日这五年间法理、法史学科发文为样本，同时以诉讼法与司法制度学科发文为参照，做一个简要的分析。我们假定作者会尽可能地将其创新体现在题目、摘要、关键词、引言、目录和结语等处，这些部分是最容易引起编辑、外审专家注意的地方，是他们能以最少的时间精力识别出来稿件是否有可能作出创新的地方。同时，创新被认可的主体既包括编辑、外审专家，也包括作者，例如他能毫不隐讳地表明其创新的来源，或者至少认为只有创新的甚或创新度高并被充足论证的论文，才能得到这三本刊物的认可。

在上述期间，这三本刊物共登载法理、法史学科论文 178篇。其中政论文 13 篇，策论文 32 篇，学术论文 133 篇。政论文

① 参见李可：《法学学术规范与方法论研究》，东南大学出版社 2016 年版，第 172 页。

的实质和主体内容是对党和国家方针政策、重大决策部署和国家领导人言论的政治宣传，不具有也不能有本书所要求的论文的实质和形式要件。策论文的实质和主体内容是对党和国家方针政策、重大决策部署和国家领导人言论的法律阐释，也不具有本书所要求的论文的实质要件，但是通常具有其形式要件。政论文和策论文实质上都不允许创新，都不是严格的学术论文。当然，作者也可能在非常狭小的空间中实现自己的学术抱负。

在133篇学术论文中，题目、摘要和关键词体现首倡型创新的有16篇，试图在角度、方法上体现改进型创新的有6篇，试图以材料体现改进型创新的有5篇。有引言、结语的学术论文都试图在这两个部分表明作者作出了创新，但是多数学术论文将创新声明放在引言中，只有极少数学术论文将创新声明放在结语中。在引言中表明创新的学术论文，其创新声明通常放在引言最后一段。不急于在引言中表明创新的学术论文，通常将创新声明分散到主体部分的论证中。这些论文基本上可以分为两类：第一类是已在题目、摘要和关键词中表明了创新；第二类是论文的作者是本领域内的权威学者。

即使是没有作出明显创新的学术论文，作者在摘要和引言中也声称发现了某种规律，或者至少归纳总结出了某法律经验现象的发展特点。甚至少数作者为了使论文显得作出了首倡型创新，刻意隐藏创新的来源，不去引用同行（主要是博士生和讲师，其次是副教授，少数情况下是排名靠后的法学院系的教授）同样发表在核心期刊上的前期同主题论文。这表明作者是认可创新的，只是本人创新能力有限，或者为了显得作出了首倡型创新，而刻意隐藏了该创新的真实来源而已。无论是否作出创新，绝大多数作者也试图在目录中展示其创新，以引起编辑和同行的注意。

对上述 16 篇作出了首倡型创新之学术论文作者的发文情况进行追溯，可以发现，他们绝大多数是长期深耕于某一特定领域的学者，在该领域拥有丰富或者高水平的前期成果，或者非常熟悉本论题使用的论证方法。也有极少数作者是博士生和青年教师，他们凭借其敏锐的观察力、对前沿问题的精准把握和出色的概括提炼能力，在论文中作出了首倡型创新。

在相同期间，这三本刊物共登载诉讼法与司法制度学科论文222 篇。其中政论文 3 篇，策论文 3 篇，学术论文 216 篇。该学科的政论文和策论文明显比法理、法史学科少很多，可能在于它与意识形态的距离比后者更远，同时具有更深厚的技术色彩。在216 篇学术论文中，题目、摘要和关键词体现首倡型创新的有 21篇，试图在角度、方法上体现改进型创新的有 10 篇，试图以采用新材料体现改进型创新的有 14 篇。

在上述 216 篇学术论文中，为了使论文显得作出了首倡型创新，或者彰显某个术语、概念、范畴的发明权，也有刻意隐藏创新来源的作者。例如，在篇首或各部分的文献综述中故意不提首次明确提出该术语、概念和范畴的论著。目录同样成为绝大多数作者试图表明其创新的重要部位，有的作者在目录中还用双引号标示其创新。

同样，在上述21篇作出了首倡型创新之学术论文的作者也是长期致力于特定论题的学者，他们在此之前及之后，都在专业类核心期刊上发表了数篇甚至数十篇同主题的学术论文。附带提及的是，这些首倡型论文发表后，其论题、论证方式，甚至论点，都受到相当数量的其他期刊论文的刻意模仿。当然，在上述21篇学术论文中，也不乏极少数异军突起的学术新星和青年才俊。

两相比较，在同样的期间内，上述三本刊物发表的学术论文中，法理、法史学科的首倡型学术论文占比约12%，诉讼法与司法制度学科的首倡型学术论文占比约9.7%。如果将政论文和策论文也算作广义的论文的话，那么这两个学科中首倡型学术论文的占比都在9%左右。在这三本刊物（及其他刊物）中，部门法学科发文通常比理论法学科要多，但是综合上述分析可见，它们的创新水平不相上下。

一成左右的首倡型创新，还有大致相当数量的创新尝试，以及集大成者的准创新，虽然对于这三本期刊的创新要求来说，落差很大，但是相比于其他专业期刊来说，已经遥遥领先。读者诸君如有疑虑，可以按本书的标准来检验我的这一判断。在期刊论文中，创新被认可的程度通常取决于以下四个因素。

一是期刊本身允许的创新程度。一些期刊本身就不允许创新，但是并非没有被引量，反而有时被引量很大，以至于在评价体系中排名靠前。创新与被引量之间是一种或然关系，少数首倡型论文在本领域是一篇学术孤品，后来者没有能力或不愿从事同主题研究，其被引量也就寥寥。一些期刊允许创新的空间有限，它们要将部分版面用于宣传党和国家的方针政策、重大决策部署和国家领导人的讲话。但是由于在行政化的学术评价体系中享有特殊地位，它们也能吸引首倡型创新、改进型创新和集大成的学术论文，其被引量也能大致匹配其行政地位。一些期刊为了在评价体系中排名晋位，热衷于邀约和采纳既可能有高被引量，又有高创新度的稿件。当然，在高被引量和高创新度之间，一般的期刊会选择前者。

二是创新在期刊评价体系中的地位。目前主流的期刊评价系统只能测度刊物的总被引量和单篇被引率，难以测度论文的创新度。也有一些转载和转摘期刊，能对原发期刊的创新度作出一定程度的评价。但是由于受到前述制度和风气的影响，其客观性长期以来受到学界的质疑。就现状而言，被引率仍是期刊评价的主要标准，转载／摘量和转载／摘率仅是辅助标准。当然，冷门绝学期刊的评价标准是单列的。

三是外审专家对创新的重视程度。俗话说，"英雄惜英雄"。

如果外审专家不欣赏创新，认为创新度越高的论文，越有可能影响本领域中权威学者的地位和名声的话，那么创新度越高的论文，就越有可能遭到逆向淘汰。相反，如果外审专家欣赏创新，甚至本身的创新意识和能力很强，那么创新度越高的论文，就越有可能通过外审。少数有奖掖后进情怀的外审专家，还经常通过审稿意见提升来稿的创新度。当然，外审专家的偏好和倾向一定程度上会受到编辑部及主管单位的影响。

四是学术共同体对创新的态度。如果学术共同体有着强烈的创新意识和创新能力，那么期刊也不得不重视创新。如果作者群不重视创新意识或创新能力，即使期刊强烈期待创新，也因创新论文之匮乏而有巧妇难为无米之炊的遗憾。中国的现状是，学者普遍有强烈的创新欲望，但是创新能力不足，尤其是不知如何创新，同时这也是本书写作的重要缘起。

在当前学界，要提高创新的认可度，首先得明确何谓创新。不知创新为何物，谈何认可创新？其次得确立一套鉴别创新的实质和形式标准。在筛选创新作品和因认定创新发生争议时，需要有一套学术共同体公认的创新鉴定规范，包括实体规范和程序规范。在学界共享一套创新鉴定规范的基础上，每个学科可以在不同该规范相抵触的前提下，制定本学科具体的创新鉴定规范。再次得给对创新鉴定的异议者提供一套救济机制。这套救济机制要相对独立于外部社会的诉讼救济机制，并可以严于诉讼救济机制内含的创新鉴定标准。复次得破除当前行政化、圈子化的论著评价体系，尤其是期刊评价体系。学术期刊应当在提高创新的认可度上发挥引领作用。最后得提高创新在当前职称、项目、奖项评审中的地位。等级越高的职称、项目和奖项，创新度也应越高。

三、本书的写作及出版

本书是我在祖国最西北某法学院教学之余，利用空闲时间撰写的。我所在的学校、学院和"法学论文写作"课程的研究生给了我宽松、便利的研究空间，他们的支持是我努力完成本书的重要动力。当我在课堂上与同学们分享写作的艰辛和愉悦，交流写作中遇到的理论与技术难题时，他们无不给予积极的回应和力所能及的帮助。同事和同学们也理解在没有一本合适教材的情况下，我授课过程中遇到的种种困难，并热烈地、耐心地期待本书的面世。书稿成形后，当我与同学们讨论其中的部分内容时，他们表现出极大的兴趣，并积极为我搜集相关论著、资料，并进行部分实证调研。

本书的理论部分主要参考了我在本领域先后出版的《法学方法论》（2003 年）、《法学方法论原理》（2011 年）和陈瑞华的《论法学研究方法》（2017 年）三本专著，技术和规范部分主要参考了我出版的《法学学术规范与方法论研究》（2016 年）和张力的《法学论文写作》（2018 年）两书。值得一提的是，《法学方法论》是我出版的第一本书，也是被引量较大的一本书，它在国内法学学术著作中的被引量一度排名第二。它是我至今出版的七本涉及法学论文写作的著作中，最令我满意的一本。但是囿于当时我个人的条件，该书的校对、排版、装帧和印刷等，都不尽如人意。我计划在时间宽裕时重新校对、充实该书，以慰学界同仁的厚爱。

我曾将本书稿的部分章节作为讲座内容，分别到安徽大学法学院、甘肃政法大学法学院、中国科技大学公共事务学院、内蒙古大学法学院、河南师范大学法学院、湖北民族大学法学院、青海师范大学法学与社会学学院、吉首大学法学与公共管理学院、喀什大学法政学院、周口师范学院政法学院、三亚学院法学院、新疆理工学院人文社会科学学院等，跟同行专家和师生们交流过，他们反馈的宝贵意见对本书的修改完善助益良多。例如一些同行建议，在书中增加项目申请书中必须撰写但申请人往往难以把握的文献综述和研究思路两个部分。考虑到这两个部分实质上也是论文写作中作者必经的心路历程，最后我采取了这一重要建议，从而使本书对于项目申请也有一定的参考价值。

本书在出版的过程中，得到了中国标准出版社李胜楠编辑、法律出版社法学学术分社孙东育社长、中国大百科全书出版社社科学术分社曾辉社长、高等教育出版社周轶男编辑等出版界朋友的大力支持。书稿呈送人民出版社审阅时，张立编辑和出版社领导对本书每讲的标题、实例和思考题提出了宝贵建议，作者一一采纳，从而为本书增色不少。本书第一讲、第二讲由邓昆鹏同学（中山大学经济法学专业2024级博士生）校对并补充了部分实例及思考题，第三讲、第四讲、第五讲由张文晋律师（新疆大学法理学专业2022级博士生）校对并补充了部分实例和思考题，第六讲、第七讲、第八讲由韩秋杰同学（新疆大学刑法学专业2021级博士生）校对并补充了一些实例及思考题，第九讲、第十讲、第十一讲由唐乾同学（中南大学法理学专业2023级博士生）校对并补充了部分实例和思考题，第十二讲、第十三讲由克兰江·阿布都热合曼同学（新疆大学法理学专业2022级博士生）补充了若干实例。书稿复核具体分工如下：前言、目录、第一至三讲，由王巍（新疆大学2022级法理学专业硕士生）复核，第四至六讲由张洁（新疆大学2022级党内法规学专业博士生）复核，第七至九讲由刘卓（新疆大学2021级宪法与行政法学专业博士生）复核，第十至十二讲由金芳（伊犁开放大学助教）复核，第十三讲、后记由张喆（苏州市公安局警员）复核。

虽然笔者在本书的撰写、修改和校补中投入了大量的时间精力，我所在的团队、出版社编辑和学界同仁给予了许多宝贵的建议及指导，但是本书肯定还有诸多不完善之处，也可能有吸收同行成果而未能给予说明来源的地方，期待同仁在阅读和使用本书的过程中给予及时指正，以便我们在再版中加以修改、充实和完善。

作者

2024 年 8 月 21 日

记于九毛湖畔

责任编辑：张　立
装帧设计：姚　菲

图书在版编目（CIP）数据

法学论文写作十三讲 ／ 李可 著 . —— 北京 ：人民出版社，2024. 9.
ISBN 978 － 7 － 01 － 026756 － 2

I. D90

中国国家版本馆 CIP 数据核字第 2024Y362C9 号

法学论文写作十三讲
FAXUE LUNWEN XIEZUO SHISANJIANG

李可　著

人民出版社 出版发行
（100706　北京市东城区隆福寺街 99 号）

中煤（北京）印务有限公司印刷　新华书店经销

2024 年 9 月第 1 版　2024 年 9 月北京第 1 次印刷
开本：710 毫米 × 1000 毫米 1/16　印张：17.25
字数：165 千字　印数：0,001—3,000

ISBN 978 － 7 － 01 － 026756 － 2　定价：78.00 元

邮购地址 100706　北京市东城区隆福寺街 99 号
人民东方图书销售中心　电话（010）65250042　65289539